日常会話で
親しくなれる！
日本語会話中上級

瀬川由美　紙谷幸子　安藤美由紀 著

スリーエーネットワーク

Published by 3A Corporation.
Trusty Kojimachi Bldg., 2F, 4, Kojimachi 3-Chome, Chiyoda-ku, Tokyo 102-0083, Japan

ISBN978-4-88319-888-7 C0081

First published 2021
Printed in Japan

はじめに

　本書は、普段の生活場面で自然な日本語で話したいという中上級レベルの学習者に向けた日常会話習得のためのテキストです。多くの学習者は「です・ます」の形で日本語を学ぶため、普通体や縮約形を使った話し方を苦手としています。そのため、親しくなった相手から「友達なんだから、もっとカジュアルに話してほしい」と言われて困っているという声をよく聞きます。

　本書では、日常生活で遭遇する様々な場面を取り上げ、ロールプレイによる口頭練習を重ねながら、多くの表現を身に付けられるようになっています。また、豊富な音声教材がついていますので、ぜひこれを活用し、役になりきって楽しく練習してください。

　本書の作成にあたっては、スリーエーネットワークの佐野智子さん、中川祐穂さん、吉本弥生さんに大変お世話になりました。深く感謝いたします。

2021年10月　著者一同

目次

本書の使い方

■ 本書の対象・目的

本書は、自然な日常会話を学びたいと考えている中上級レベルの学習者を対象としたテキストです。円滑なコミュニケーション力を習得することを目指します。

■ 本書の特長

● 自然な日常会話は、「です／ます」の形ではなく、普通体や縮約形を用いたり、助詞を省略したりしながら展開していきます。本書では、こうした話し方を身につけるために、日常生活で遭遇する様々な場面を提示し、ロールプレイを通じて口頭練習を行います。

● 本書は興味や必要度に応じて話を選ぶことができますが、「本文会話」がシェアハウスに住む4人の物語になっているので、第1話から学習することをお勧めします。

● 本書は、教師の指導のもとで利用することが理想的ですが、ふりがなと英語・中国語訳がついているので、自習もできるようになっています。

■ 本書の構成

本書は、①本冊、②別冊から成ります。

①本冊

本冊は10話で構成され、各話は二つのシーンに分かれています。各シーンは「タスク」「本文会話」「コミュニケーション上のポイント」「表現」「談話練習1」「談話練習2」「語彙リスト」で構成されています。

タスク　本文の流れを理解するための準備運動です。本文会話を聞いたあと、質問について学習者同士で話し合います。

本文会話　シェアハウスに住む4人の日常生活を通じて、親しい友人や会社の先輩、店の人や趣味の仲間、病院の医師などとの自然な会話が学べるようになっています。

コミュニケーション上のポイント

良好な人間関係を築くためのちょっとした会話のテクニックが紹介されています。

表現 　本文会話に出てくる日常会話ならではの特徴的な表現を取り上げて、例文とともにわかりやすく説明してあります。縮約形などは元になる形も示しています。

談話練習 　「表現」で取り上げた表現を使って短い談話形式で口頭練習します。

語彙リスト 　各シーンで出てくる重要語彙をまとめました。縮約形などは、元になっている形を示してあります。

②別冊

タスクの解答例と、談話練習の解答例が載せてあります。

補助教材

「本文会話」「談話練習1」「談話練習2」の音声をスリーエーネットワークのウェブサイトで聞くことができます。

https://www.3anet.co.jp/np/books/3330/

学習時間

1話につきプライベートレッスンの場合で5時間、クラス授業の場合で6時間～8時間を想定しています。

■授業の時間割の参考例

授業数（1コマ90分）	本文会話	表現	談話練習
1コマ目	シーン1	シーン1の表現	
2コマ目			シーン1の談話練習1、2
3コマ目	シーン2	シーン2の表現	
4コマ目			シーン2の談話練習1、2

How to use this book

Who and what is this textbook for?

This textbook is for intermediate- and higher-level students of Japanese who wish to study natural everyday language used in conversation. It aims to impart the ability to communicate smoothly in Japanese.

Key features of this textbook

- In natural daily conversation, the です and ます endings make way for plain and abbreviated forms, and particles are omitted. To instill in the reader mastery of these forms, this textbook provides oral exercises through role-play, in the context of various scenarios encountered in everyday life.
- In this textbook, you can pick out Scenarios matching your interest and their relevance to you. However, the Key Conversations are based on the narratives of four people living in a shared house, so we recommend that readers begin at Episode 1 when studying with this textbook.
- Ideally, this textbook should be studied under the guidance of a teacher, but it includes furigana and English and Chinese translations to enable self-study too.

Organization

This textbook comprises: ① the Main Textbook and ② the Annex.

①Main Textbook

The Main Textbook comprises 10 Episodes, each of which is divided into two Scenarios. Each Scenario comprises Study Tasks, a Key Conversation, Communication Points, Grammatical Expressions, Dialogue-based Exercises (two sets) and a Vocabulary List.

タスク These are preparatory exercises enabling understanding of the narrative flow of a Key Conversation. After listening to a Key Conversation, students discuss amongst themselves the questions asked.

本文会話 Through the daily lives of four people living in a shared house, learners study natural conversation: that is, language used between intimate friends and with workplace seniors, retail and other service-sector staff, hobby partners, and medical professionals.

コミュニケーション上のポイント　Here is a brief look at conversation techniques for building sound relationships with other people.

表現　In this section, some of the characteristic everyday grammatical patterns and formulas encountered in Key Conversations are taken up, and illustrated with example sentences. Also included are the full original forms of abbreviations, etc.

談話練習　Here you will do oral exercises comprising short conversations with use of patterns and formulas encountered in the Grammatical Expressions section.

語彙リスト　This lists important vocabulary items in each Scenario. Abbreviations are given in their full, original forms.

②Annex
Examples are given of answers for the Study Task and Dialogue-based Exercise sections.

Supplementary Material

Audio files for Key Conversations and for Dialogue-based Exercise sections 1 and 2 are available at the 3A Corporation website.
https://www.3anet.co.jp/np/books/3330/

Study time

Five hours should be allotted for a private lesson covering one Episode, while 6 to 8 hours should be allotted for class-based tuition.

■ Example of tuition timetable for reference

Number of lessons (90 minutes per lesson)	Key Conversation	Grammatical Expressions	Dialogue-based Exercises
First lesson	Scenario 1	Scenario 1: Grammatical expressions	
Second lesson			Scenario 1: Dialogue-based Exercises sections 1 & 2
Third lesson	Scenario 2	Scenario 2: Grammatical expressions	
Fourth lesson			Scenario 2: Dialogue-based Exercises sections 1 & 2

本书的使用方法

▦ 本书的对象和目的

本书是以想学习自然日常会话的具有中高级日语水平的人为对象的教科书。目的是学习者可以掌握顺利进行交流的能力。

▦ 本书的特长

- 自然的日常会话并不是「です／ます」形, 而是会使用普通体、缩约形, 亦或省略助词等形式来展开的。为了掌握这种会话方式, 本书提示有日常生活中会碰到的各种场面, 可以通过角色扮演来进行口头练习。
- 本书可以根据兴趣和所需选择相应的话题, 但因为"课文会话"的构成是四个住在合租房的人的故事, 所以建议大家从第1课开始学习。
- 虽然本书最为理想的是在教师的指导下使用, 但由于书中附有假名以及英语和中文译文, 因此也可以用于自学。

▦ 本书的构成

本书由①本册、②别册构成。

①本册

本册由10课构成, 各课分为2个场面。各场面由"任务"、"课文会话"、"交流重点"、"表现"、"谈话练习1"、"谈话练习2"、"词汇表"构成。

タスク 这是为了理解课文内容的热身。听了课文会话之后, 学习者一起来就提问进行讨论。

本文会话 通过住在合租房的4个人的日常生活, 可以学习掌握与亲密朋友、公司前辈、店里的人以及有相同爱好的伙伴、医院的医生等的自然会话。

コミュニケーション上のポイント　介绍有为了构筑良好人际关系的简短会话技巧。

表現　就课文会话中出现的日常会话所具有的独特表现, 与例句一起做有简单明了的说明。缩约形等还提示有其原有形式。

談話練習　使用在"表现"中提示的表现, 以简短的谈话形式进行口头练习。

語彙リスト　归纳了在各场面中出现的重要词汇。缩约形等提示有其原有形式。

②別冊

载有任务的解答例和谈话练习的解答例。

辅助教材

"课文会话"、"谈话练习1"、"谈话练习2"的语音, 可以在スリーエーネットワーク的网页上收听。

https://www.3anet.co.jp/np/books/3330/

学习时间

设定1课的个人授课所需时间为5个小时, 班级授课所需时间为6～8个小时。

■ 授课时间表的参考例

授课数（1节课90分钟）	课文会话	表现	谈话练习
第一节课	场面1	场面1的表现	
第二节课			场面1的谈话练习1、2
第三节课	场面2	场面2的表现	
第四节课			场面2的谈话练习1、2

由利
ゆり

日本人　29歳　建設会社社員
にほんじん　　さい　　けんせつがいしゃしゃいん

スティーブ

オーストラリア人　32歳　寿司職人
じん　　さい　すししょくにん

チョウ

中国人　27歳　エンジニア
ちゅうごくじん　　さい

アナ

日系ブラジル人　33歳　精神科医
にっけい　　　じん　　さい　せいしんかい

第 1 話

シェアハウスで新生活

A new beginning in a shared house / 在合租房开始新生活

シーン1

初顔合わせ

Meeting new people / 初次会面

タスク

シェアハウスでの4人の会話を聞いて、次のことを話し合ってみよう。　🔊001
（解答例は別冊P2）

1. 由利（女）、チョウ（男）、スティーブ（男）、アナ（女）は、それぞれ
   イラストの中のどの人物か。
2. 4人はそれぞれどんな性格だと思うか。

🔊 001

由利	こんにちは。シェアハウス・コルサってここですか(1)。
チョウ	もしかして、4人目の住人の人?
由利	はい。吉田由利です。よろしくお願いします。思ったよりいいとこです ね、ここ。
チョウ	そうでしょう。僕、チョウです。 5
スティーブ	やっと来た。由利、今、何時だと思ってる?
由利	ごめんごめん、スティーブ。つい二度寝しちゃって(2)。
スティーブ	せめて電話ぐらい(3)……。
由利	はい、ほんとにごめんなさい。
チョウ	二度寝、気持ちいいんですよね。僕もよくやっちゃう(4)。 10
アナ	共有スペースはもう片付いたから。そこにある吉田さんの荷物、自分 の部屋に運んでくれる?
由利	あ、由利でいいです(5)。
アナ	じゃあ、由利さんお願いね。私はアナ。
由利	アナさん、よろしくお願いします。 15

コミュニケーション上のポイント

相手への強い共感を表す「よね」

由利とスティーブが険悪になった時、二人の仲を和ませたのが「二度寝、気持ちいいんですよね。」（10行目）というチョウの一言です。ここでは、由利の気持ちもわかるということを示して、遅刻した由利を許してあげようという気持ちを表しています。

よね：An ending for expressing strong sympathy for the person you are talking to

When tension arises between Yuri and Steve, Chow's remark "二度寝、気持ちいいんですよね (It feels good to drop off again)" (Line No.10) lightens the atmosphere. In this sentence, Chow shows an understanding of Yuri's feelings and expresses a willingness to forgive her lateness.

表示与对方强烈同感时的「よね」

由利和史蒂夫关系紧张时，「二度寝、気持ちいいんですよね。」（睡个回笼觉很舒服啊）（第10行），是小赵的这句话使两个人的关系缓和了下来。在这里，表达的是很理解由利现在的心情，对她的迟到予以谅解的心情。

（1）〜ってここですか

ここが正しい場所かどうか相手に確認を求める時の表現。

Formula for asking somebody to confirm that the speakers are in the right place
用于道歉时，解释自己的失误或给对方造成负担的事情的表现。

🔊 002

❶（オフ会で）

A：あのー、K-POP愛好会ってここですか。

B：あ、はい、そうです。初めての人？

❷（家電量販店で）

A：免税手続きってここですか。

B：はい。あちらに並んでお待ちください。

A：はい、ありがとう。

（2）〜ちゃって　　　　　　　　　　　　　　→〜てしまって

謝る時に自分の失敗や相手に負担をかけたことを説明する表現。

This ending is used to convey a sense of apology for a mistake and for imposing on the other person.
用于道歉时，解释自己的失误或给对方造成负担的事情的表现。

🔊 003

❶ A：ごめん、時間、間違えちゃって……。

B：今日のランチ、おごりね。

❷ A：悪い、付き合わせちゃって。

B：いいよ。お互い様だから。

（3）せめて〜ぐらい

「最低、〜程度はしてほしい、したい」という気持ちを表す表現。

This formula expresses a sense of the minimum that you expect somebody to do or want to do yourself.
表示"希望别人或自己至少能达到〜程度"这一心情时使用的表现。

🔊 004

❶ A：昼ご飯、なし？

B：うん、ダイエット中だから。

A：せめて野菜ジュースぐらい飲んだら？

❷ A：あれ？　飲み放題の時間って、90分だけ？　せめて2時間ぐらいは飲みたいなあ。

B：じゃあ、追加料金払って、長くする？

（4）〜ちゃう

嫌な気持ち、残念な気持ち、失敗して後悔したことを表す表現。

This ending expresses a sense of disgust or disappointment, or of regret for a mistake ("I have gone and ~").
表示讨厌、遗憾的心情以及因失败而感到悔恨时使用的表现。

🔊 005

❶ A: 暑い！　毎日毎日、もうやんなっちゃう。

　 B: ほんと……。誰かどうにかしてよ。

❷ A: あーやっちゃった……。

　 B: どうした？

　 A: 鍋、焦がしちゃったよ。

（5）[自分の呼び名] でいいです

相手に自分の呼んでほしい呼び名を伝える時の表現。

Formula for telling somebody how you wish to be addressed or named
告诉对方希望怎样来称呼自己时使用的表现。

🔊 006

❶ A: 井上優一です。

　 B: 井上さんですね。

　 A: あ、ユウでいいです。

❷ A: オウ・シンイーです。よろしく。

　 B: オウ・シンイーさん？

　 A: あ、呼びにくいから、シンディーでいいです。

第1話
シーン1
表現

5

1. 初対面の相手に声をかける

What to say when meeting somebody for the first time / 与初次见面的对方打招呼

🔊)) 007（新規会員／運営スタッフ）　🔊)) 008（新規会員）　🔊)) 009（運営スタッフ）

（ランゲージエクスチェンジの会場で）

新規会員	ランゲージエクスチェンジ四谷ってここですか。
運営スタッフ	はい、そうです。こんにちは。
新規会員	こんにちは。初めてなんですけど。エリザベスです。
運営スタッフ	エリザベスさんですね。
新規会員	あ、ベスでいいです。
運営スタッフ	ベスさんね。 福田です。よろしく。
新規会員	よろしくお願いします。

以下のような場面で話してみよう。

1. Aが初めてオフ会に行って、主催者Bに声をかける。

2. Aがボランティアサークルに行って、受付の人Bに声をかける。

A	（ 会の名前 ）ってここですか。 Name of the group / 会的名称
B	はい、そうです。こんにちは。
A	こんにちは。初めてなんですけど。（ 自分の名前 ）です。 Your name / 自己的名字
B	（ 相手の名前 ）さんですね。 Other person's name / 对方的名字
A	あ、（ 自分の呼び名 ）でいいです。 Name you prefer to be addressed by / 自己的通称
B	（ 相手の呼び名 ）さんね。 Name other person prefers to be addressed by / 对方的通称 （ 自分の名前 ）です。よろしく。 Your name / 自己的名字
A	よろしくお願いします。

2. 謝る

Apologizing / 道歉

🔊 010（友人A／友人B）　🔊 011（友人A）　🔊 012（友人B）

友人A	ごめん、今日の交流会、行けなくなっちゃった。
友人B	えー、当日に言わないでよ。
友人A	先輩に仕事、頼まれちゃって。 人が足りないから来いって言われて。
友人B	そんなの……。約束、こっちが先なのに……。
友人A	そうなんだけど……。ごめん。ほんとごめん！
友人B	もー、しょうがないなあ。

以下のような場面で話してみよう。
1. Aが、飲み会の人数を間違えて予約したことを友人Bに謝る。
2. Aが、週末に貸すと約束した車を貸せなくなったことを友人Bに謝る。

A	（ 謝る ）、 （ 謝る理由を言う ） ちゃった。 Apologize / 道歉　　Explain the reason for apologizing / 说明道歉的理由
B	えー、 （ 文句を言う ）。 Make a complaint / 提意见
A	（ 言い訳する ） ちゃって。 Make an excuse / 辩解 （ 補足する ） て。 Add information / 补充
B	（ 更に文句を言う ） のに……。 Complain even more / 再提意见
A	そうなんだけど……。 （ もう一度謝る ）！ Apologize once again / 再一次道歉
B	もー、しょうがないなあ。

語彙リスト

本文会話

1. とこ ◀ ところ
2. 二度寝する：Go back to sleep / 睡回笼觉
3. 共有スペース：Communal area / 共享空间

表現

1. オフ会：Offline gathering / 网友聚会
2. K-POP愛好会：K-Pop fans' group / 韩国流行音乐同好会
3. 家電量販店：Electronics volume retailer / 家电量贩店
4. 免税手続き：Tax-free procedure / 免税手续
5. おごり：Your treat / 请客
6. お互い様：It evens itself out / 彼此彼此
7. やんなっちゃう ◀ 嫌になってしまう
8. 焦がす：Burn, scorch / 烧糊

談話練習

1. 交流会：Get-together / 交流会

シーン2

共同生活のルールを決める

Setting the rules for communal living / 制定共同生活的规则

タスク

シェアハウスでの4人の会話を聞いて、次のことを話し合ってみよう。　🔊))013
（解答例は別冊P2）

1. アナの提案について、スティーブ、由利、チョウは、初めどんな反応を示したか。
2. それはどんな発言からわかるか。

🔊 013

アナ	一応、共同生活のルール、ざっくり作ってみたんだけど……(1)。
スティーブ	「水回りは常に清潔にしておくこと。」これ、どういう意味？
アナ	洗面台や台所を使ったら、その周りを拭くとか、私物を置きっぱなし
	にしないとかってことよ。
スティーブ	めんどくさいな。 5
アナ	それが、共同生活の基本です。
由利	「友達は部屋に呼ばない。」友達連れてきちゃダメってこと？(2)
チョウ	それってどうかな。
アナ	みんながみんなやったら、きりがなくなっちゃうでしょ(3)。
由利	それにうるさいしね。 10
スティーブ	いろんな人との交流あってこそのシェアハウスなんじゃないのかな？(4)
チョウ	それもそうだ。
由利	じゃあ、呼んでもいい、ただし節度を守って、ってことにしない？(5)
チョウ・スティーブ	賛成。
アナ	わかった。そうしよう。 15

コミュニケーション上のポイント①

友達言葉の中で、突然出てくる「です／ます」形

シェアハウスの仲間がルールについて話し合っている時、アナが突然「共同生活の基本です。」（6行目）と、丁寧な言い方をしています。友達言葉の中で、突然出てくる「です／ます」は、相手と距離を置き、言いたいことを相手に印象付ける効果があります。

The です／ます forms appearing suddenly in plain-style conversation among friends

When residents of the shared house are discussing the rules, Anna suddenly says "共同生活の基本です" (Line No.6) using the polite form です. The sudden use of です／ます in plain-style conversation among friends creates a sense of distance, and gives extra weight to what the speaker wishes to say.

在朋友之间的对话中，突然出现的「です／ます」形

合租房的几个同伴在商量规则时，安娜突然用礼貌的表现说道：「共同生活的基本です。」（第6行）。朋友之间的对话中，突然出现的「です／ます」，是刻意保持自己与对方之间的距离，有着能使对方对自己想说的事情更加印象深刻的效果。

コミュニケーション上のポイント②

相手の意見に同意できない時に使うソフトな表現「それってどうかな。」

アナの意見にチョウが「それってどうかな。」（8行目）という表現で反対しています。これは、「私はあなたの意見に疑問を持っている」という意味ですが、「賛成できません」「反対です」などを使うより、否定的な印象が弱まり、そのあとの話し合いを円滑に進めることができます。

それってどうかな is a softer way of speaking, used when you are unable to agree with somebody's opinion.

Chow expressed disagreement with Anna's opinion using the phrase "それってどうかな" (Line No.8). It means, "I have some doubts about your opinion," and is a softer way of giving a negative impression than saying "賛成できません (I cannot approve)" or "反対です (I disagree)." This enables the subsequent conversation to proceed smoothly.

用于无法赞同对方意见时的委婉表现：「それってどうかな。」

对安娜的意见，小赵用「それってどうかな。」（第8行）来表示反对。意思是"我对你的意见有点儿疑问"。这与使用「賛成できません」（不赞成）「反対です」（反对）等表现相比，没有那么强烈的否定印象，利于将之后的对话顺畅地进行下去。

11

（1）〜けど……

相手の意向を尋ねたり、確認したりする時の前置き表現。

An introductory formula used when asking about or confirming somebody's intention
询问或确认对方的意向等时使用的开场白。

🔊 014

❶ A: 打ち上げやろうと思うんだけど……。
　 B: ああ、いいね。鉄板焼きはどう？
❷ A: 来週の金曜日で店、予約したけど……。
　 B: サンキュー。

（2）〜ってこと？

相手の発言を自分の解釈で言い直して確認する時の表現。語気が強いと相手にけんかを仕掛けているようにとられるので注意する。

This ending is used when you rephrase somebody's words to confirm that you have understood correctly. Take care to avoid saying this ending in a raised voice, or you will be seen as picking a quarrel.
按自己的解释重复一遍对方发言的意思以求确认时使用的表现。要注意的是，如果语气太强硬的话，会被理解为是在找茬儿和对方吵架。

🔊 015

❶ A: X社のCさん、大阪に転勤するらしいよ。
　 B: え、じゃあ、うちの担当、変わるってこと？
❷ A: この間頼んだオフ会の場所決め、どうなってる？
　 B: すみません、ちょっとまだ……。
　 A: それって、やる気がないってこと？

（3）〜たら／〜と、…くなるでしょ／…くなっちゃうでしょ

「〜すると、…という悪い結果になる」という意味。イントネーションが上がると、確認の意味合いが強くなり、イントネーションが下がると、押し付けの意味合いが強くなる。

These formulas indicate that something bad will happen if something is done. If you raise the pitch of your voice, these endings have a strongly confirmatory sense. If you lower it, it sounds as though you are forcing your opinion on somebody.
意思是"如果〜，就会导致…的坏结果"。提升语调时，确认的意思比较强，而降低语调时，则强加于人的语气比较强。

🔊 016

❶ A: そんなに場所とったら、みんなが座れなくなるでしょ。
　 B: ああ、そうか。ごめん。

❷ A：期日までにレポート出さないと、進級できなくなっちゃうでしょ？

　B：わかってるよ。

　A：わかってるなら、さっさと出しちゃったら？

（4）～んじゃないのかな？

自分の推測を控えめに伝えたい時の表現。

A discreet way of expressing your assumption about something
想要比较低调地说出自己的推测时使用的表现。

🔊 017

❶ A：Cさん、JLPTの結果、どうだったんだろうね。

　B：連絡ないから、ダメだったんじゃないのかな？

❷ A：あした、台風来るって。授業、休みにならないかな。

　B：電車も止まるらしいから、休講になるんじゃないのかな？

（5）じゃあ、～ってことにしない？

今までの意見を受けて新しく提案する時の表現。

This formula is used for making a suggestion after listening to somebody else's opinion.
接受前面的意见，提出新的建议时使用的表现。

🔊 018

❶ A：お酒を飲む人と飲まない人が、同じ金額なのはどうかな？

　B：じゃあ、飲む人はプラス2,000円ってことにしない？

　A：そうしよう。

❷ A：ずっと一人で運転するっていうのは疲れるよ。

　B：わかった。じゃあ、4人で交替で運転するってことにしない？

　A：うん、そうしてくれると助かる。

1. 提案に賛成する
Agreeing to a suggestion / 赞成所提建议

🔊 019（友人A／友人B）　🔊 020（友人A）　🔊 021（友人B）

友人A	友達呼んでハロウィーンパーティーしたいんだけど……。
友人B	いいね！　コスプレするってことだよね？ 面白い面白い！
友人A	仮面舞踏会っぽくするのはどう？
友人B	うん。友達の友達も呼んで。知らない人もいると刺激的だね。
友人A	そうそう！　お見合いパーティーみたい。
友人B	ちょっとドキドキするね。

以下のような場面で話してみよう。

1. Aが、懐かしい仲間と久しぶりにみんなで会おうと、Bに提案する。
2. Aが、高級レストランの飲み放題、食べ放題の格安プランがあるので行こうと、Bに提案する。

A	（ 控えめに提案する ）　けど……。 Discreetly suggest doing something / 谨慎地提出建议
B	いいね！　（ 確認する ）　ってことだよね？ Confirm what is meant / 确认 （ プラスの感想を言う ）　！ React positively to the proposal / 谈积极的感想
A	（ 追加の提案をする ）　はどう？ Offer an additional suggestion / 提补充的建议
B	うん。　（ 提案を更に追加して発展させる ）　。 Further add to and develop the proposal / 提进一步的补充建议
A	（ 同意する ）　！　（ プラスの感想を言う ）　。 Agree / 同意　　　React positively to the proposal / 谈积极的感想
B	（ 同意する ）　。 Agree / 同意

2. 提案に反対する
Disagreeing with a suggestion / 反対所提建议

🔊 022（友人A／友人B）　🔊 023（友人A）　🔊 024（友人B）

友人A	友達呼んでハロウィーンパーティーしようと思うんだけど……。
友人B	それって、コスプレするってこと？
友人A	もちろん。 仮装とかフェイスペイントとかして。
友人B	うーん……。それってどうかな。 嫌がる人もいるんじゃないのかな？
友人A	わかった。じゃあ、コスプレしたい人だけするってことにしない？
友人B	それならいいよ。

以下のような場面で話してみよう。
1. Aが社員旅行について、同僚Bに意見を求める。
2. 家計を見直すために、子供の習い事について、妻Aが夫Bに意見を求める。

A	（控えめに提案する）　けど……。 Discreetly suggest doing something / 谨慎地提出建议
B	それって、（確認する）　ってこと？ Confirm what is meant / 确认
A	（肯定する）　。 Respond affirmatively / 肯定 （提案の補足をする）　。 Give more details of your suggestion / 补充建议
B	うーん……。それってどうかな。 （反対意見を言う）　んじゃないのかな？ Give an opposing opinion / 说反对意见
A	わかった。じゃあ、（代案を出して、意向を聞く）　？ Offer an alternative and ask what the other person thinks 提出替代方案，听取意向
B	（受け入れる）　。 Accept / 接受

15

本文会話

1. ざっくり：Roughly / 粗略
2. 清潔な：Clean / 清洁
3. きりがない：Endless / 没完没了
4. 節度を守る：Do something in moderation / 有分寸、适可而止

表現

1. 打ち上げ：Job-completion party / 举办（工作结束后的）聚餐
2. 鉄板焼き：*Teppanyaki* (dish of meat and vegetables, etc. grilled on a hotplate) / 铁板烧（把肉、
   蔬菜等放在烧热了的铁板上烤着吃的料理）
3. 期日：Deadline / 期限

談話練習

1. コスプレする：Engage in cosplay / 进行角色扮演
2. 仮面舞踏会：Masked ball / 假面舞会
3. 刺激的な：Exciting / 刺激性
4. お見合い：Matchmaking / 相亲
5. 仮装：Fancy-dress, costumes / 化装
6. フェイスペイント：Face-paint / 脸彩

第2話

仲間と寿司パーティー

A sushi party with friends / 和伙伴一起办寿司聚餐会

シーン1

相手について興味を持って尋ねる

Asking about somebody with interest / 感兴趣地询问对方的事情

タスク

パーティーでの4人の会話を聞いて、次のことを話し合ってみよう。　🔊025
（解答例は別冊P2）

1. スティーブとチョウについて、わかったことは何か。
2. スティーブと由利の関係について、わかったことは何か。

🔊 025

由利	このお寿司、めっちゃおいしい！　さすがスティーブ!!
アナ	うん、このあなごの蒸し加減といい、シャリの具合といい、最高じゃない！(1)
由利	スティーブがオーストラリアに店出したら、私、絶対行く！
スティーブ	ちょっと待ってよ。まだ見習い3年目なんだからさ(2)、まだずっと先のことだよ。
アナ	スティーブと由利さんは、いつから友達？
由利	いつ……いつだったかな。スポーツジムが一緒だったんだよね(3)。
スティーブ	うん。女の人がベンチプレス60キロ?!　ってびっくりして見たら、由利だったんだよね。
アナ	アハハ、それはすごい。
チョウ	僕なんか軽く持ち上げられちゃうね。
由利	まあね。チョウさんは、何か運動してないの？(4)
チョウ	うん。特には。でもまあ、よく歩くほうかな。この間は、四谷の須賀神社まで行ってきたんだ(5)。
由利	四谷の須賀神社？　なんで？
チョウ	映画に出てきた場所なんだ。
由利	あー、私も見た。あのアニメ。聖地巡礼ってやつね。チョウさん、アニメ好きなんだ。
チョウ	うん。これ見て。鎌倉高校前の踏切、こっちは、神戸の西宮北高校前の坂道……。
由利	ふーん、そうなんだ……。詳し過ぎる……。
アナ	あれ、チョウさんのいくら、乾いちゃってるよ。アニメ話はあとにして、早く食べたら？
チョウ	あ、そうだね。
スティーブ	アハハ！　みんな、キャラ立ってんな。

行番号: 5, 10, 15, 20, 25

コミュニケーション上のポイント①

相手と親しくなる会話の進め方 ～聞き役を心がけよう！～

本文でアナが「スティーブと由利さんは、いつから友達？」（7行目）、また由利が「チョウさんは、何か運動してないの？」（13行目）と他の人に話をするよう促しています。このように3人以上の会話では、「～さんは？」と話していない人に質問し、一人だけに話が偏らないよう配慮することが必要です。

Getting closer to another person through conversation, by being a good listener

In the text, Anna gently urges others to join the conversation, with the words "スティーブと由利さんは、いつから友達？ (How long have Steve and Yuri-san been friends?)" (Line No.7), and Yuri uses the phrase "チョウさんは、何か運動してないの？ (Don't you take any exercise, Chow-san?)" (Line No.13) to the same effect. In three-way (or more) conversations, it is necessary to avoid one person monopolizing the talk, by inviting others to contribute, with the formula ～さんは？ (What about you?)

为与对方变得亲密的交谈方式—注意做好听话人的角色

在课文中，为让其他的人也加入交谈，安娜说「スティーブと由利さんは、いつから友達？」（史蒂夫和由利是什么时候成为朋友的？）（第7行），由利也说了「チョウさんは、何か運動してないの？」（小赵，你平常不做什么运动吗？）（第13行）。在这种三人以上的交谈中，有必要像用「～さんは？」（某某你怎么样呢？）这样的方式来问没有说话的人，注意不要只和一个人说话。

コミュニケーション上のポイント②

「～さ」に注意しよう！

スティーブが「まだ見習い3年目なんだからさ、」（5行目）と言っているように、「～さ」は友達同士の会話で非常に多く使われます。ただし、どんなに親しくても先輩や上司に使うと失礼な印象を与えてしまうので注意が必要です。

～さ: A tricky word

As is seen in Steve's phrase "まだ見習い3年目なんだからさ (I'm still only in my third apprenticeship year)" (Line No.5), ～さ is very often used in conversation among friends. But, however intimate you may be, you need to be aware that, if you use ～さ with seniors or superiors, you will create an impression of rudeness.

来注意一下「～さ」的使用吧！

如史蒂夫所说的「まだ見習い3年目なんだからさ、」（因为还是实习生的第3年）（第5行），「～さ」在朋友之间交谈时用得很多。不过，需要注意的是，无论多么亲近，如果对前辈和上司使用都会给人留下失礼的印象。

（1）〜じゃない！

感想を強調して相手に直接伝えたい時の表現。

This ending is used for emphasis and directness in voicing your impressions.
想要直接向对方强调自己的感想时使用的表现。

🔊 026

❶ A：北海道旅行の計画、立ててみたんだけど、どうかな？

　B：うん、いいじゃない！　有名なところを全部回るんだね。これで行こうよ。

❷ A：おかげさまで、N1に合格できました。

　B：そう！　すごいじゃない！　近々、お祝いしようよ！

（2）〜さ

「聞いてほしい」と、相手の注意を引きたい時に使う表現。

This particle is used when you want to draw the other person's attention and get them to listen to you.
"希望你听一下"，用于想吸引对方注意时使用的表现。

🔊 027

❶ A：土曜日の約束だけどさ、時間、1時半に変えられない？

　B：いいよ。

❷ A：最近、疲れやすくてさ、よく効く栄養ドリンク、知らない？

　B：韓国の高麗人参で作ったドリンク、結構いいよ。

（3）〜が一緒だったんだよね

知り合ったきっかけについて聞かれた時、「同じ〜に所属していた」と説明する時に使う表現。

This formula is used when, asked how you met somebody, you explain that you once belonged to the same group.
用于在被问到相识的机缘，说明是"属于同一〜"时的表现。

🔊 028

❶ A：BさんとCさんって、入社前から知り合いだったんですか。

　B：うん。大学でサークルが一緒だったんだよね。Cさんのほうが1年先輩でさ。

❷ A：Bさん、Cさんと面識あったの？

　B：うん。実は新人研修の時、プロジェクトチームが一緒だったんだよね。10年ぶりだよ。

（4）〜の？　　　　　　　　　　　　　　　　→〜んですか

イントネーションを上げると軽く聞く印象を与える。イントネーションを下げると、驚きや、ややとがめている印象を相手に与えるので注意する。

If you raise the pitch of your voice with this ending, you give the impression of asking a question casually. If the pitch is lowered, you have to be careful not to create the impression of surprise or mild censoriousness.

提升语调时，给人以一种随意问一下的印象。而降低语调时，则会给对方一种惊讶和稍带谴责的印象，所以用起来要注意。

🔊 029

❶ A: このお菓子、おいしいね！　どこで買ったの？
　　B: 駅ビルのデパート。すごい人気でさ、20分ぐらい並んだよ。
❷ A: Bさんの財布って、すごい小さいね。現金、入ってないの？
　　B: うん。いつもカードかスマホでしか払わないから。

（5）〜んだ　　　　　　　　　　　　　　　　→〜んです

事情や理由を説明したり、自分の意見や気持ちを強調したりしたい時に使う表現。

This ending is used when you want to explain a situation or the reason for something, or emphasize an opinion or feeling that you have.

用于说明情况、理由，或想强调自己的意见和心情时的表现。

🔊 030

❶ A: 昨日、どうしてずっと連絡取れなかったの？
　　B: ごめん。熱出して、起きられなかったんだ。
❷ A: ねえ、この写真、見て。昨日、電車の中から富士山が見えたんだ。
　　B: へえ、きれいに撮れてるね。

1. 知り合ったきっかけを聞く

Asking your friends how they got to know each other / 打听相识的机缘

🔊 031（友人A／友人B／友人C）　🔊 032（友人A）　🔊 033（友人B／友人C）

友人A	二人は、どこで知り合ったの？
友人B	SNS。
	オフ会のバーベキューで盛り上がってね。
友人C	そうそう。実は地元が同じってことがわかって。
友人A	へえ、そんなことってあるんだ。
友人B	うん、だからA君も何かイベントがあったら、行ってみたら。
友人A	そうだね……。

以下のような場面で話してみよう。

1. Aが、友人B、友人Cに知り合ったきっかけを聞く。
2. Aが、友人Bとその恋人Cに知り合ったきっかけを聞く。

A	二人は、（いつ／どこで／何で）　知り合ったの？ When / Where / How / 什么时候、在哪里、为什么
B	（きっかけを答える）　。 Explain how you met / 回答相识的机缘
	（補足する）　。 Make further remarks / 补充
C	そうそう。（追加説明をする）　て。 Give further details / 补充说明
A	（感想を言う）　。 Give your impressions / 谈感想
B	うん、（提案する）　。 Make a suggestion / 提出建议
A	（答える）　。 Give a response / 回答

2. 生活習慣を尋ねる

Asking about daily habits / 打听生活习惯

🔊 034（友人A／友人B）　🔊 035（友人A）　🔊 036（友人B）

友人A	ご飯、いつもどうしてるの？
友人B	コンビニ。外で食べんの面倒だし。
友人A	作んないの？
友人B	それ、もっと面倒。光熱費もかかるしね。
友人A	そうだよねー。うちの冷蔵庫ん中、水とアイスだけ。
友人B	うちはビールとマヨネーズだけだよ。

以下のような場面で話してみよう。
1. Aが洗濯について友人Bに聞く。
2. Aが掃除について友人Bに聞く。

A	（生活習慣）、　いつもどうしてるの？ Daily habits / 生活习惯
B	（答える）。　（理由を言う）し。 Give a response / 回答　　Explain the reason(s) / 谈理由
A	（追加の質問をする）の？ Ask additional questions / 进一步提问
B	（答える）。　（理由を言う）しね。 Give a response / 回答　　Explain the reason(s) / 谈理由
A	（同意する）。　（補足する）。 Agree / 同意　　Add information / 补充
B	（自分の習慣について話す）よ。 Talk about your own daily habits / 谈关于自己的习惯

語彙リスト

本文会話

1. めっちゃ：Very / 超、超级
2. 蒸し加減：Steaming heat level / 蒸的火候
3. シャリ：Vinegared rice / 醋米饭
4. 見習い：Apprentice, trainee / 见习生
5. ベンチプレス：Bench press exercise / 卧推
6. 聖地巡礼：*Anime* location pilgrimage / 朝拜动画片的圣地
7. キャラ（が）立つ：Be a (colorful) character / 个性突出

表現

1. 近々：Very soon / 不久
2. 高麗人参：(Korean) ginseng / 高丽参
3. 面識（が）ある：Be acquainted with / 认识
4. すごい人気 ◀ すごく人気 ◀ とても人気

談話練習

1. 作んないの？ ◀ 作らないの？ / 作らないんですか
2. 光熱費：Utility costs / 电费和煤气费
3. 冷蔵庫ん中 ◀ 冷蔵庫の中

シーン2

二次会でもう少し相手を知る

Getting to know somebody better at the "after party" / 在二次会上进一步了解对方

タスク

由利とアナの会話を聞いて、次のことを話し合ってみよう。　🔊 037

（解答例は別冊P2）

1. 由利とアナについて、わかったことは何か。

2. アナはどんな表現やあいづちを使って由利に共感を示しているか。

🔊 037

アナ	ねえ、スティーブと付き合っ<u>てんの？</u>(1)
由利	付き合う？! いやいや、<u>そんなんだったら</u>(2)、こんなとこに二人して来てないですよ。とっくに二人で住んでます。
アナ	確かに。
由利	アナさんこそ、なんでブラジルじゃなくて、日本で医者やってんですか。なんでゴージャスなマンションじゃなくて、こんなとこにいるんですか。
アナ	まあ、いろいろあってね。おいおい話すから。由利さんはなんでここに？
由利	近いから。職場に。朝7時から朝礼って、すっごいきつくて。
アナ	現場監督だ<u>もんね</u>(3)。頑固な職人さんまとめ<u>んの、大変なんじゃない？</u>(4)
由利	そうなんですよー。一日中鉄骨運んでるほうがましかも。年上の人ばっかだし。
アナ	気を遣うってわけだ。
由利	そうです、そうです。結構、ストレス溜まるんですよ。
アナ	そうだよね。しんどくなったら、いつでも聞くよ。
由利	<u>そっか！</u> アナ先生に相談<u>すればいいんだ</u>(5)！ 精神科のお医者さんが診てくれるなんて。ここに来てよかった！
アナ	まさか、ただだと思ってないよね？
由利	えー?!

コミュニケーション上のポイント

共感を示すあいづちを打ちながら、相手に質問しよう！

二次会ではアナが由利に人間関係や仕事について少し突っ込んだ質問をしています。「〜てるの？」よりも更に軽い「〜てんの？」（1行目）という言い方で、相手の負担にならないように尋ねているのが特徴的です。相手の返答に対して「確かに。」（4行目）「〜もんね。」（11行目）「そうだよね。」（16行目）など共感を示すあいづちを打ったり、言葉をかけたりすることによって、相手は次第に打ち解け、心の内を話すようになります。

Try questioning your partner while adding in responses to indicate your interest

At the "after-party," Anna asks Yuri some slightly provocative questions about relationships and work using the ～てんの? (Line No.1) ending, which is slightly softer than the ～てるの? ending. She characteristically seeks to avoid imposing herself on Yuri. By using the empathetic forms like 確かに (Line No.4), ～もんね (Line No.11) and そうだよね (Line No.16), you can get the other person to gradually open up and speak freely.

一边附和着表示同感，一边来向对方提问吧！

在当天的二次聚会上，安娜很深入地就人事关系和工作等向由利提问。与「〜てるの？」相比，更随意的说法是「〜てんの？」（第1行），其特点是不会给对方造成负担。回应对方时，使用「確かに。」（第4行）「〜もんね。」（第11行）「そうだよね。」（第16行）等加以附和，表示同感，从而使对方放松心情，敞开心怀，说出心里话。

（1）～てんの？ →～ているんですか

理由など、自分の「知りたい」という気持ちを強調したい時に使う表現。

Used when you want to emphasize your desire to know something, such as a reason
用于想要强调自己想知道理由等的心情时的表现。

🔊）038

❶ A：あれ？　なんで窓開いてんの？　寒いよ。
　　B：さっき部屋入った時、変な臭いがしてさ。もう臭わないから閉めていいよ。
❷ A：はあ……。
　　B：何、さっきからため息ばっかついてんの？
　　A：株がすっごい下がっちゃってさ……。売っちゃったほうがいいか、このまま持ってたほうがいいか……。

（2）そんなんだったら

「もしそのような状況だったら、現状とは違う結果になっている」と言いたい時の表現。

This formula is used to express the idea that "the outcome would have been different if it had been me in this situation."
想要述说 "如果是那样一种状况，就会有与现状不同的结果" 时使用的表现。

🔊）039

❶ A：Bさんは日本語も英語もペラペラなんでしょう？
　　B：そんなんだったら、今、こんな会社にいないよ。
❷ A：Bさんは生活費のやりくりとか、ちゃんとしてそうだよね。
　　B：いやいや、そんなことないよ。そんなんだったら、きっと年1回は海外旅行に行けてるよ。

（3）～もんね

「～という理由で、相手の話に納得、共感できる」と言いたい時の表現。

This ending is used to indicate that you accept or sympathize with what another person is saying, for such and such a reason.
想要述说 "因为～，所以理解对方所说话，与对方有同感" 时使用的表现。

🔊）040

❶ A：課長、今日休みだって。
　　B：ああ、娘さん具合悪いって、言ってたもんね。
❷ A：あー、阿佐ヶ谷の焼き肉の店、また今月も予約取れなかった！
　　B：テレビに出てから、すごい人気だもんね。仕方ないよ。

（4）〜んじゃない？

自分の意見をソフトに言いたい時に使う表現。

This ending is used when you wish to express a personal opinion in a roundabout way.
用于想委婉地表达自己的意见时的表现。

🔊 041

❶ A：こっちのジャケットとそっちのブルゾン、どっちがいいかな。
　　B：ブルゾンだね。たまにはスポーティーな感じもいいんじゃない？
❷ A：インフルエンザが流行ってるね。電車の中とか、ちょっと心配。
　　B：テレワークもできるんでしょ？　無理に行かなくてもいいんじゃない？

（5）そっか、〜ばいいんだ

「〜すれば問題が解決する」と、解決策がひらめいた瞬間に使う表現。「そっか」は「そうか」のカジュアルな表現。

This formula is used when the solution to a problem comes to mind: "If I take a certain course of action, the issue will be resolved." そっか is a colloquial form of そうか.
"如果做〜的话，问题就能解决"，用于突然想出了解决方法时。「そっか」「そうか」的随意表现。

🔊 042

❶ A：鶏肉1キロで850円かあ。安いけど、1キロなんて食べきれないし……。
　　B：冷凍しとけば？
　　A：そっか、小分けして冷凍しておけばいいんだ！
❷ 店長：ホールのシフト、なかなか埋まらなくて困ってるんだよね……。バイトのみんな、大学の試験で忙しいからさ。
　　大山：私、一応、接客の経験もありますけど……。
　　店長：そっか！　大山さんに厨房と接客、両方やってもらえばいいんだ！　お願いしてもいいかな？

1. 親しい人と互いの恋愛話をする

Discussing each other's love lives with a close friend / 与亲密的人聊各自的恋爱故事

🔊 043（同僚A／同僚B）　🔊 044（同僚A）　🔊 045（同僚B）

同僚A	ねえ、営業部の山田さんとどうなの？　付き合ってんの？
同僚B	そんなんじゃ、ないない。
	そんなんだったら、とっくに話してるよ。
同僚A	そっか。
同僚B	Aこそ、彼氏とどうなってんの？
同僚A	まあね。そのうち話すから。
同僚B	えー、もったいぶらないで教えてよ。

以下のような場面で話してみよう。
1. 飲み会で会った人とその後どうなったかについて、AがBに聞く。
2. 同窓会で、クラスメイトだった人との関係について、AがBに聞く。

A	ねえ、（ 人の名前 ）　とどうなの？　付き合ってんの？ 　　　Name of person / 人的名字
B	そんなんじゃ、ないない。
	そんなんだったら、（ 自分の考えを言う ）　よ。 　　　State what you think / 谈自己的想法
A	そっか。
B	Aこそ、（ 相手の恋愛について聞く ）　の？ 　　　Ask about A's love life / 打听对方的恋爱状况
A	まあね。そのうち話すから。
B	えー、もったいぶらないで教えてよ。

2. 親しい人に愚痴を言う

Complaining about something to a close friend / 发牢骚给亲密的人听

🔊 046（友人A／友人B）　🔊 047（友人A）　🔊 048（友人B）

友人A	あー、もうやってらんない。
友人B	どうした？
友人A	うん、クレームが多くてさ。 こっちがいくら説明しても、全然ダメなんだ。
友人B	客だから文句言えないもんね。
友人A	そうなんだよ。
友人B	適当にガス抜きしたほうがいいよ。 一人で全部受け止めちゃうと、パンクしちゃうから。

以下のような場面で話してみよう。

1. Aが同僚Bに仕事の愚痴を言う。

2. AがバーのマスターBに仕事やプライベートの愚痴を言う。

A	あー、もうやってらんない。
B	どうした？
A	うん、（ 不満を言う ） てさ。 Express dissatisfaction / 谈不满 （ 補足する ） んだ。 Add information / 补充
B	（ 共感する ） もんね。 Show sympathy / 表示同感
A	そうなんだよ。
B	（ アドバイスする ） 。 Give advice / 出主意 （ 理由を言う ） から。 Explain the reason(s) / 谈理由

31

本文会話

1. とっくに：Already long ago / 很久以前
2. ゴージャスな：Luxurious / 豪华
3. おいおい：Before long / 不久、渐渐
4. すっごいきつい ◂ すごくきつい
5. 現場監督：Site supervisor / 现场监督
6. 鉄骨：Steel frame / 钢筋
7. ばっか ◂ ばかり
8. しんどくなる：Get tired / 吃不消了
9. 精神科：Psychiatry / 精神科
10. ただ：Free of charge / 免费

表現

1. ため息：Sigh / 叹气
2. やりくり：Management / 筹划
3. ブルゾン：Blouson / 拉链夹克衫
4. スポーティーな：Sporty / 便于活动的（服装）
5. テレワーク：Telework / 远程办公、居家办公
6. 小分けする：Break up into smaller pieces, subdivide / 分成小份
7. ホールのシフト：(Work) shift in the main (retail) hall / 大厅工作人员的排班
8. 接客：Serving customers / 待客
9. 厨房：Kitchen / 厨房

談話練習

1. そのうち：Soon, before long / 不久
2. もったいぶる：Be pompous about, put on airs / 摆架子
3. やってらんない ◂ やっていられない：I can't stand it, I have had enough / 干不下去了
4. クレーム：Complaint / 索赔
5. ガス抜きする：Let off steam / 减压
6. パンクする：Be overwhelmed / 撑破

休日に気分転換
きゅう じつ　　き ぶん てん かん

Recharging your batteries on a day off / 在假日里换换心情

シーン1

行きつけの店でヘアスタイルを変える
い　　　　　　みせ　　　　　　　　　　　　　　か

Getting a new look at a favorite hair salon / 在常去的店里换个发型

タスク

美容院での会話を聞いて、次のことを話し合ってみよう。
びょういん　　かいわ　き　　　　つぎ　　　　　　はな　あ

🔊 049

（解答例は別冊P3）
かいとうれい　　べっさつ

1. アナの髪の悩みと希望は何か。
かみ　なや　　きぼう　なに

2. アナは何と言ってそのことを美容師に伝えているか。
なん　い　　　　　　　　　　びょうし　つた

33

🔊 049

アナ	こんにちは。
美容師	こんにちは！　伸びましたね。
アナ	でしょう？　もう、うっとうしくて……。
美容師	今日はどうされますか。
アナ	思い切って切っちゃおうかなって(1)。
美容師	肩ぐらい？
アナ	うーん、もっと。傷んでるからか、最近なんだかまとまりにくくて(2)……。
美容師	ちょっとパサついてますね。トリートメントしますか。
アナ	ううん、その部分は全部切ってもらって……。いっそショートにしちゃうっていうのもありかな。
美容師	うん、似合うと思いますよ。カラーはどうしますか。
アナ	うーん……。
美容師	例えば、あの受付にいるスタッフの色なんてどうですか。
アナ	茶色っていうより、グレーっぽいっていうか、シルバーっぽいっていうか(3)、そういう色のほうがいいかな……。
美容師	こちらの写真の色みたいな？
アナ	ああ、いい色だけど、ちょっと明る過ぎるかも(4)。ここまで明るくなくてもいいんだけど……(5)。
美容師	じゃあ……、こんな感じで？
アナ	うん、そう。いいですね。この色でお願いします。
美容師	わかりました。

美容師	どうですか。鏡で確認してください。
アナ	あー軽くなった！　さっぱりした！　うん、いいですね。ありがとうございます！
美容師	よかったです。お疲れさまでした。

5

10

15

20

25

コミュニケーション上のポイント

店の人に困っていることや悩んでいること、迷っていることについてアドバイスをもらおう！

アナが美容師に対し、「思い切って切っちゃおうかなって。」（5行目）「最近なんだかまとまりにくくて……。」（7行目）と、髪についての自分の迷いや悩みを話しています。このように、わざわざ「あなたはどう思う？」と聞かなくても、自分の迷いや悩みを伝える形で、相手に専門的なアドバイスがほしいということを伝えることができます。

Getting advice from the shop staff when you have trouble with, or are unable to decide, something

Anna is discussing with the hairdresser her concerns about her hair, saying "思い切って切っちゃおうかなって (I'm going to do it, I'm going to get it cut)" (Line No.5) and "最近なんだかまとまりにくくて ... (I've been having trouble keeping my hair neat lately)." (Line No.7). By relaying doubts and concerns, you can ask for professional advice from somebody without having to explicitly ask, "あなたはどう思う？ (What do you think?)"

向店里的人请教感到为难、烦恼、犹豫的问题。

「思い切って切っちゃおうかなって。」（想着是不是索性把头发剪短。）（第5行），「最近なんだかまとまりにくくて……。」（最近总觉得不好梳理……）（第7行），安娜对美容师说着自己关于发型等的犹豫和烦恼。像这样不用特意去问「あなたはどう思う？」（您觉得怎样好？），也可以把自己的犹豫和烦恼等告诉给对方，以此向对方表达自己希望得到专业性的指导的愿望。

（1）〜ちゃおうかなって　　　　　　　　　　　　→〜てしまおうかなって

「少し迷いはあるが、思い切って〜しようと思う」と言いたい時の表現。

This ending is used when you are a little hesitant, but are set on venturing to do something.
想要述说 "自己虽然有些犹豫，但下决心准备去做〜" 时使用的表现。

🔊 050

❶ A：（Bのパソコンを覗いて）何、熱心に見てんの？
　　B：んー、いい部屋ないかと思って。今のとこ、もうすぐ更新だし、この際引っ越し
　　　　ちゃおうかなって。
　　A：そう。いいんじゃない？
❷ A：ここんとこ、元気ないんじゃない？　どうかした？
　　B：プロジェクトの担当、外されちゃってさー。いっそ会社、辞めちゃおうかなって。
　　A：そんな、早まらないでよ……。

（2）最近なんだか〜て

「理由ははっきりわからないが、最近〜の状態が続いている」と言いたい時の表現。

This formula is used when you wish to point out that a certain situation is continuing, but you don't really know why.
"虽然理由还不清楚，但最近〜的状态一直在持续"，想就此予以说明时使用的表现。

🔊 051

❶ A：課長、最近なんだかいつもイライラしてて……。やりにくいんだよね。
　　B：そう言われてみれば……。なんでだろうね？
❷ A：ワールドカップの決勝戦のチケット、当たったんだって？
　　B：うん。最近なんだかついててさー。
　　A：いいなー。

（3）〜っていうか、…っていうか

〜と言えばいいのか、…と言えばいいのか適切な表現が思いつかない時の表現。

This formula is used when you are not sure how to respond to something.
是说〜好呢，还是说…好呢，在想不出更为贴切的表达时使用的表现。

🔊 052

❶ A：ネットアイドルのさやかちゃん。ほわーんとした感じで、いいよね。
　　B：そうそう。無邪気っていうか、天然っていうか……。いいよなあ。

❷ A: ワークショップ行ったんだって？ クリエイター向けのって、何か特別なことやんの？

B: なんと！ いきなりみんなでヒップホップダンス。その次はクイズ。で、最後にセミナー。頭を柔らかくするためなんだって。

A: へー、型破りっていうか、無茶苦茶っていうか、変わってるね。

（4）ちょっと〜かも

相手の提案や意見に同意できない場合、それに対する話し手の意見を柔らかく述べる時の表現。

Formula used when you cannot agree with somebody's suggestion or opinion, and wish to express your opinion in a gentle way
在不能同意对方的建议和意见的场合，说话人以委婉的语气来陈述自己的意见时使用的表现。

🔊 053

❶ A: 日曜日のお花見だけど、待ち合わせ、10時にしない？

B: ちょっと早いかも。多分起きらんない。

❷ A: 新人歓迎会、この店どう？ たまにはちゃんとしたとこもいいかなって。

B: 一人2万円?! ちょっと予算的に無理があるかも。新メンバーの分はこっち持ちだし。

（5）ここ／そこまで〜なくてもいいんだけど……

「相手の提案や行動は行き過ぎている」と、柔らかく否定する時の表現。

Formula used to gently turn down or oppose somebody's proposal or behavior that has gone too far
委婉地就对方过分的建议和行为等予以否定时使用的表现。

🔊 054

❶ A: ルームシェアのルール、わかりやすいようにいっぱい貼っといたからね。各部屋でしょ。リビングと洗面所とトイレと。それから……。

B: そこまでしなくてもいいんだけど……。

❷ （家電量販店で）

A: 買い替えるなら、これがいいよ。見て、この電子レンジ、すごいよ。

B: 一人暮らしだから、ここまで高性能じゃなくてもいいんだけど……。

1. 店で悩みを相談する

Discussing issues with retail and service staff / 在店里商谈烦恼

🔊 055（客／店のスタッフ）　🔊 056（客）　🔊 057（店のスタッフ）

（マッサージ店で）

客	最近なんだか肩のこりがひどくて……。
店のスタッフ	そうですね……特に首のこの辺り、ガチガチですね。
客	1回来ただけじゃほぐれないから、回数券買っちゃおうかなって……。
店のスタッフ	定期的にいらっしゃれば、楽になっていくと思いますよ。まずは5回分、購入されてはどうですか。
客	そうですね。じゃ、そうします。

以下のような場面で話してみよう。

1. 美容院で、客Aが、頭皮の臭いが気になることをスタッフBに相談する。
2. 靴屋で、客Aが、自分に合う靴が見つからないことについて、スタッフBに相談する。

A	最近　（ 悩みを相談する ）　て……。 Talk about your problems / 商谈烦恼
B	（ 失礼のないように同意する ）　。 Respectfully agree / 不失礼地表示同意
A	（ 自分が思っている解決方法を投げかける ）　ちゃおうかなって……。 Come up with a possible solution of your own devising / 提出自己思考的解决办法
B	（ 勧める ）　。 Encourage, recommend / 劝说 （ 提案する ）　。 Make a suggestion / 提出建议
A	（ 同意して提案を受け入れる ）　。 Agree and accept the suggestion / 同意并接受建议

2. 店の提案を受けて、自分の希望を伝える

Getting advice and specifying what you want / 接受店方的建议，告知自己的希望

🔊 058（店のスタッフ／客）　🔊 059（店のスタッフ）　🔊 060（客）

（マッサージ店で）

店のスタッフ	肩こり、しっかり治したいんでしたら、回数券を購入して定期的にいらっしゃるのはどうですか。
客	回数券かあ……。忙しいからちょっと有効期限内に使いきれないかも……。
店のスタッフ	有効期限は1年ありますから。とりあえず、10回券なんてどうですか。
客	そこまでしっかりやらなくてもいいんだけど……。
店のスタッフ	じゃあ、5回券を購入して、少しずつ様子を見るのはどうですか。
客	そうですね。じゃあ、そうします。

以下のような場面で話してみよう。

1. 頭皮の臭いの悩みについて、店のスタッフAの提案を受け、客Bが自分の希望を伝える。
2. 自分に合う靴が見つからないことについて、店のスタッフAの提案を受け、客Bが自分の希望を伝える。

A	（ 客の悩み ）んでしたら、（ 提案する ）のはどうですか。 Customer's concerns / 顾客的烦恼　　Make a suggestion / 提出建议
B	（ 提案について考える ）かあ……。（ 懸念する ）かも……。 Consider the suggestion / 思考提出的建议　　Express concerns / 担心
A	（ 客の不安を払しょくするコメントをする ）。 Say something to allay the customer's concerns / 为了消除顾客的不安作出的评论 （ 新しい提案をする ）なんてどうですか。 Make a new suggestion / 提出新的建议
B	そこまで （ やり過ぎだと言う ）なくてもいいんだけど……。 Say that the suggestion is going too far / 说做得过分了
A	じゃあ、（ 別の提案をする ）。 Make another suggestion / 提出另外的建议
B	そうですね。じゃあ、そうします。

39

語彙リスト

本文会話

1. うっとうしい：Annoying, irksome / 不舒服、腻烦
2. 傷んでる ◀傷んでいる：Damaged / 有损伤
3. パサつく：Be dried out / (头发) 枯燥
4. トリートメントする：Get restorative hair treatment / 护发
5. いっそ：Rather, preferably / 索性
6. 〜のもあり：~ is also OK / 〜也可以
7. さっぱりする：Look neat / 利落

表現

1. この際：On this occasion / 这种场合
2. ここんとこ ◀ここのところ
3. 外される：Be removed (from) 被排除，被解除（职务）
4. 早まる：Be over-hasty, be rash / 仓促
5. イライラする：Get annoyed / 焦躁
6. ついている：Be lucky / 运气好
7. ネットアイドル："Net Idol" / 网红
8. ほわーん：Artless / 松软貌
9. 無邪気な：Innocent / 纯真
10. 天然な：Goofy / 本性天然
11. ワークショップ：Workshop / 研讨会
12. クリエイター：Creator / 创作家
13. やんの？ ◀やるの？ / やるんですか
14. 型破りな：Unconventional / 打破常规
15. 無茶苦茶な：Outrageous, absurd / 毫无章法
16. 起きらんない ◀起きられない
17. 予算的に：In terms of budget, budget-wise 从预算上（来考虑）
18. こっち持ち：We must pay (the cost) 这边付钱
19. 貼っといた ◀貼っておいた / 貼っておきました
20. 高性能：High-performance / 高性能

談話練習

1. 肩 (の) こり：Shoulder stiffness / 肩膀酸疼
2. ガチガチ：Stiff, rigid / 坚硬
3. ほぐれる：Be softened / 缓解

谷根千ぶらぶら
やねせん

Hanging out at Yanesen / 逛谷根千

タスク

店での会話を聞いて、次のことを話し合ってみよう。 🔊061

（解答例は別冊P3）

1. アナはどんな店で、何を購入したか。

2. 商品について、アナは何と言って気になる点を店員に伝えている

か。

🔊 061

アナ	すみません。この写真の竹細工のお店って、こちらですか。
店のおじさん	そう。うち。よかったら、中入って見<u>てって</u>(1)。
アナ	はい。うわー、すごいたくさんあるんですね。
店のおじさん	手に取って見ていいからね。
アナ	かわいい！　これ、何に使うんですか。
店のおじさん	それは箸置き。フォークやスプーンも置けるよ。
アナ	いいですね。うちのお土産、これにしようかな。でも箸置き<u>ばっかっていうのも……</u>(2)。あ、あのかごバッグもかわいいですね。ママ、使うかな……。
店のおじさん	別に、かばんとして使わなくてもいいんじゃない？　通気性がいいから、家で収納としても使えるよ。
アナ	それ、いいですね。
店のおじさん	うちは台所で野菜入れてるよ。
アナ	そっか。いろんな使い道がありそうですね。あ、あのざる。あれでパスタの湯切りしたり、洗った食器入れたりできるか……。
店のおじさん	<u>ね、</u>いろいろ使える<u>でしょう？</u>(3)　何に使うか、自分で考えるのも楽しいよ。
アナ	そうですね。全部ほしいけど、予算がなあ……。ま、いっか、全部買っ<u>ちゃお</u>(4)！　すみません。この箸置き5個と、かごバッグは大きいのと小さいの一つずつ。それからあのざる、2枚ください。
店のおじさん	はい、ありがとうございます。
アナ	おじさん、たくさん買ったからサービスしてくれない？
店のおじさん	うーん、じゃあ、このざる、1枚おまけ。
アナ	わー、ありがとうございます！

5

10

15

20

独り言につける文末表現「〜か……」

アナが店でざるの使い方についていろいろ考えている時、「あれ（＝あのざる）で〜できるか……。」（14〜15行目）とつぶやいています。この「〜か……」は独り言で、例えば「このお土産はあの先輩に買うか……」「今日は早く帰るか……」などと使います。目の前の相手に直接アドバイスを求めているわけではありませんが、それを聞いた人が後押しするようなあいづちを適切に打てると、よい関係を作ることができます。

The particle ～か ... is added to the end of a sentence when you are talking to yourself.

When Anna is thinking about how to use a bamboo sieve in a shop, she mutters to herself "あれ（＝あのざる）で〜できるか... (Can I use that (sieve) to maybe...?)" (Lines No.14, 15). This ～か... is used when people are talking to themselves. For example, you might wonder "このお土産はあの先輩に買うか... (Should I buy this souvenir for my boss at work?)," or "今日は早く帰るか... (Should I go back home early today)." You are not directly soliciting advice from anybody. But relationships can be improved if somebody listening responds with useful information.

自言自语时放在句尾的表现「〜か……」

安娜在店里一边想着笹箩的用处，一边嘟哝着「あれ（＝あのざる）で〜できるか……」（那个（＝那个笹箩）能〜……）（第14〜15行）。这里的「〜か……」是自言自语，比如「このお土産はあの先輩に買うか……」（这个特产买给那个前辈吧……）「今日は早く帰るか……」（今天早点儿回去吧……）等。虽然不是在直接让跟前的人为自己出主意，但听到的人如果恰如其分地做出积极的回应，就会营造一种很好的关系。

（1）〜てって　　　　　　　　　　　　　　→〜ていってください

人<small>ひと</small>に何<small>なに</small>かを勧<small>すす</small>める時<small>とき</small>に使<small>つか</small>う表現<small>ひょうげん</small>。

This ending is used when you recommend an action to others.
用于劝人做某件事时的表现。

🔊 062

❶（お見舞<small>みま</small>いで）

A： はい、これ、頼<small>たの</small>まれたもの。

B： サンキュー。

A： まあ大<small>たい</small>したケガじゃなくてよかったよ。じゃあ、お大事<small>だいじ</small>に。

B： もう帰<small>かえ</small>んの？　コーヒーぐらい飲<small>の</small>んでって。

❷ A： うちで取<small>と</small>れた柚子<small>ゆず</small>なんだけど、たくさんあるから、よかったらおうちに持<small>も</small>ってって。

B： わー！　うれしい！　ありがとう！

（2）〜ばっかっていうのも……　　　　　　→〜ばかりというのも……

「〜ばかりであまりよくない」と言<small>い</small>いたい時<small>とき</small>の表現<small>ひょうげん</small>。

This formula is used to express dissatisfaction because something is limited, or is being over-emphasized to the exclusion of other things.
想要说"光〜不太好"时使用的表现。

🔊 063

❶ A： バーベキューの肉<small>にく</small>、これくらいあればいいよね。

B： うん。野菜<small>やさい</small>は？　肉<small>にく</small>ばっかっていうのも……。

❷ A： 仕事<small>しごと</small>、忙<small>いそが</small>しそうだね。充実<small>じゅうじつ</small>してていいね。

B： まあやりがいはあるし、仕事<small>しごと</small>には満足<small>まんぞく</small>してるよ。でも仕事<small>しごと</small>ばっかっていうのも……。

（3）ね、～でしょう？

相手に同意を求めたり、確認したりする時の表現。自分の考えと同じであると期待する気持ちがある。

Formula used to solicit agreement to or confirmation of something; it implies that the speaker hopes that the other person has the same opinion

征求对方同意，或向对方确认时使用的表现。包含有期待对方与自己的想法一致的心情。

🔊 064

❶ A：Bさんに教えてもらったアメリカのドラマ、見たよ。すっごい面白かった！

　　B：ね、最高だったでしょう？

❷ A：このゲーム、攻略するのに2時間もかかったよ。

　　B：ね、だから難しいって言ったでしょう？

（4）～ちゃお　　　　　　　　　　　　　　　→～てしまおう

「思い切って～しよう！」と自らを後押しするニュアンスがある。

This ending implies that you are plucking up the courage to do something.

"豁出去做～吧！(痛痛快快地做～吧!)"，包含有给自己打气加油的微妙感觉。

🔊 065

❶ A：ダイエット中だけど……あー、我慢できない！　デザートも食べちゃお。

　　B：だからやせられないんじゃない……。

❷ A：展示会、やっと終わったね。長かったー！

　　B：うん！　打ち上げしようよ!!　今日は思いっきり遊んじゃお！

1. 旅先でお土産について質問する

Asking about souvenirs at a tourist destination / 在旅游点打听当地的土特产

🔊 066（客／店のスタッフ）　🔊 067（客）　🔊 068（店のスタッフ）

客	これって、何に使うんですか。
店のスタッフ	それは温泉の素。うちのお風呂でも温泉が楽しめますよ。
客	それはいいですね。
	どうやって使うんですか。
店のスタッフ	お湯にただ入れるだけ。
	うちにいながらにして全国の温泉巡りができますよ。
客	へー、いろんな種類があるんだ。どれにしようかな。
店のスタッフ	セットだとお得ですよ。お土産にも喜ばれますよ。
客	そっか、じゃ、セットで買っちゃお！

以下のような場面で話してみよう。
1. 客Aが、店で売っている布でできたかばんについてスタッフBに質問する。
2. 客Aが、店にあるいろいろな食べ物についてスタッフBに質問する。

A	これって、（ 商品について尋ねる ）　んですか。
	Ask about the product / 关于商品的询问
B	それは（ 答える ）。　（ 商品のアピールをする ）よ。
	Give a response / 回答　　Talk up the product / 发挥商品的魅力
A	（ 感想を言う ）。
	Give your impressions / 谈感想
	（ 商品について更に尋ねる ）　んですか。
	Ask for more details about the product / 进一步就商品加以询问
B	（ 説明する ）。
	Give an explanation / 说明
	（ 商品のアピールをする ）よ。
	Talk up the product / 宣传商品的魅力
A	へー、（ 感心する ）。　（ 迷う ）かな。
	Show admiration / 赞叹　　Be unable to decide / 犹豫
B	（ 勧める ）よ。　（ 更に勧める ）よ。
	Encourage, recommend / 劝说　　Make a further recommendation / 进一步劝说
A	そっか、じゃ、（ 決める ）ちゃお！
	Make a decision / 决定

2. 市場で店の人と会話を楽しむ

Enjoying a chat with market vendors / 在市场和店里的人愉快地交谈

🔊 069（市場のおじさん／客）　🔊 070（市場のおじさん）　🔊 071（客）

市場のおじさん	これ、試食してって。
客	どうも。あ、おいしい。これ何ですか。
市場のおじさん	鮭とば。鮭を干したの。
客	いろんなお酒に合いそうですね。
市場のおじさん	そう。ビールならそのまま、ワインならバター焼きもいいよ。レモン搾ってもいけるし。
客	いいですね。でもたくさん買うには、結構値段がなあ……。おじさん、まけてくれない？
市場のおじさん	わかった。じゃあ、5袋買ったら、1袋、サービスするよ。
客	ありがとう！　じゃあ、5袋ください。

以下のような場面で話してみよう。

1. 市場でお茶のお店をやっているおじさんAに、客Bが試飲を勧められる。
2. 市場でお土産屋をやっているおじさんAに、客Bが試食を勧められる。

A	これ、（ 勧める ） てって。 Encourage, recommend / 劝说
B	どうも。あ、おいしい。これ、何ですか。
A	（ 答える ） 。　（ 商品について説明する ） 。 Give a response / 回答　Explain about the product / 就商品进行说明
B	（ 感想を言う ） 。 Give your impressions / 谈感想
A	そう。（ 商品のアピールをする ） よ。 Talk up the product / 宣传商品的魅力 （ 更に商品のアピールをする ） し。 Further talk up the product / 进一步宣传商品的魅力
B	いいですね。でも （ 懸念する ） なあ……。 Express concerns / 担心 おじさん、（ 交渉する ） てくれない？ Haggle / 交涉
A	わかった。じゃあ、（ サービスする ） よ。 Give a discount or freebee / 提供优惠
B	ありがとう！　じゃあ、（ 決める ） ください。 Make a decision / 决定

本文会話

1. 竹細工：Bamboo craftwork / 竹器工艺
2. 箸置き：Chopstick rest / 筷子架
3. かごバッグ：Basket-bag / 竹笼提袋
4. 通気性：Air permeability / 通气性
5. 収納：Storage container / 收纳
6. ざる：Sieve, colander / 笤箩、笊篱
7. 湯切りする：Drain hot water off / 控水
8. 予算：Budget / 预算
9. おまけ：Free extra item / 多饶（一个）

表現

1. 大した：Major, serious / 了不起的
2. 帰んの？ ◀ 帰るの？ / 帰るんですか
3. ゆず：*Yuzu* (Citrus junos) / 香橙
4. 充実する：Be fulfilled / 充实
5. 攻略する：Win or complete (a computer game) / 攻下

談話練習

1. 温泉の素：Bath salts / 温泉浴剂
2. いながらにして：Without leaving home / 在～就～
3. 温泉巡り：Hot spring tour, visiting hot springs / 巡游温泉
4. いける：Be good, be sound / 不错
5. まける：Give a discount / 减价

同僚と客先回り

Visiting clients with a colleague / 和同事一起拜访顾客

シーン1

_{ほうもんまえ} _{ふ あん} _{かいしょう}
訪問前の不安を解消する

Dealing with nerves before a client visit / 消除访问前的不安

タスク

先輩社員松坂とチョウの会話を聞いて、次のことを話し合ってみよう。 🔊))072
（解答例は別冊P3）

1. 先輩社員松坂とチョウは、遅刻をすることについてそれぞれどの
   ように思っているか。
2. それはどんな発言からわかるか。

🔊 072

（電車内のアナウンス）

ただいま、次の四ツ谷駅で緊急停止ボタンが押されました。お急ぎのところ申し訳ありませんが、安全確認のため、しばらくお待ちください。

松坂	おいおい、こんなとこでなんだよー。勘弁してくれよー……。	
チョウ	すぐ動きますよ。大丈夫大丈夫。	5
松坂	大丈夫ってさ……大丈夫じゃなかったらどうすんの？(1)　今日だけは何があっても遅れるわけにはいかないんだから。あー、やな感じする。まだかよ……。あー、胃が痛くなってきた……。	
チョウ	遅れたら先方に理由を言えば、わかってくれますって(2)！	
松坂	いやいやいや、そういうもんじゃないでしょ(3)。	10
チョウ	えー、そういうもんっすよ。	
松坂	いやいや、チョウさんはのん気だなー。これから交渉するぞって時に(4)、「遅れてすいませーん」じゃあ、スタートでつまづくのと一緒でしょ。	
チョウ	それはそれ、これはこれ(5)じゃないんですか。	15
松坂	いやいやいや、そういうもんじゃないんだって。あ、動いた!!　動いたー!!あー、よかったー。	
チョウ	よかったですね！　今日の交渉、うまくいきますって！	
松坂	そうだな。そんな気がすんな！	

コミュニケーション上のポイント

仲間を気遣う言葉をかけてみよう！

取引先へ向かう途中で電車が止まってしまい、約束の時間に遅れることを心配している松坂に対し、チョウが「大丈夫大丈夫。」（5行目）と声をかけています。このように、仲間が心配していたり、また、落ち込んでいたり、自信を失っていたりする時に、「やれるやれる」「できるできる」「いけるいける」「問題ない問題ない」「気にしない気にしない」などのように同じ言葉を重ねて使って、仲間を気遣ってみましょう。

Trying saying a few words expressing concern for a companion

When the train that Matsuzaka is using to get to a customer meeting makes an emergency stop, and and he worries that he will be late for his appointment, Chow reassures him by saying "大丈夫大丈夫 (No problem)" (Line No.5). In this way, when you need to allay somebody's worries or help them relax, or when somebody has lost their self-confidence, try cheering them up by using these repeated-phraseformulas, such as "やれるやれる (You can do it)," "できるできる (It'll be okay)," "いけるいける (You can do it)," "問題ない問題ない (No problem)," and "気にしない気にしない (Don't worry about it)."

对朋友说句关心的话

在前往交易对方的路上，电车停了，小赵安慰担心会误了约好时间的松坂说：「大丈夫大丈夫」（没关系，没关系）（第5行）。像这样，在朋友感到担心，或者情绪低落，亦或是失去信心时，让我们试着用「やれるやれる」（能做得到，能做得到）「できるできる」（可以做到，可以做到）「いけるいける」（能行，能行）「問題ない問題ない」（没问题，没问题）「気にしない気にしない」（别在意，别在意）这样重复同一词汇的说法来表示一下对朋友的关心。

（1）〜たらどうすんの？　　　　　　　　　　→〜たらどうするの？

よくない結果になることを心配して再考を促したい時の表現。

This formula is used to encourage somebody to reconsider a course of action that, you fear, will lead to an unwelcome result.
担心会有不好的结果，想督促对方再好好考虑一下时使用的表现。

◁)) 073

❶ A：この仕事、新人にやらせてみたいんだけど……。
　B：まだ早いでしょ。もし何か問題起こして、お客さんからクレーム来たらどうすんの？
　A：まあ、そうならないように、常にフォローするから。
❷ A：うちも部屋にレゴ飾りたいなあ。
　B：うちは猫飼ってるんだから。猫がレゴを倒しちゃったらどうすんの？
　A：そうだなあ……。

（2）〜って

自分の意見を強く主張したい時に使う表現。「大丈夫だよ」と励ましたい時にもよく使われる。

Ending used to reinforce or intensify your opinion on something, often also used in the encouraging sense of 大丈夫だよ (It will be okay)
用于想强烈主张自己意见时的表现。想鼓励他人「大丈夫だよ」（绝对没问题）时也常常使用这一表现。

◁)) 074

❶ A：試合開始まであと30分かあ……。ヤバい。緊張してきた。
　B：大丈夫、勝てるって！　何のために1年間毎日練習してきたの！
❷ A：X社から連絡来ないね……。うちのプレゼン、採用されなかったのかな……。
　B：いやいや、どう考えても、うちのが一番よかったに決まってるって！　もうちょっと待ってみようよ。

（3）そういうもんじゃないでしょ　　　　　→そういうものではないでしょう

相手の言っていることが「常識的であると思えない」と言いたい時に使う。

This formula is used to indicate that what somebody says runs counter to common sense.
用于想指出对方所说的事情"我不认为这是常识"时。

◁)) 075

❶ A：あ、しまった！　名刺持ってくんの、忘れちゃった！
　B：お客さんに「名刺切らしちゃってる」って言えばいいんじゃないですか。
　A：いやいや、そういうもんじゃないでしょ。アポまでまだ時間あるから、会社に戻って取ってくるよ。

❷ A：Bさん、今年の健康診断、もうやった？

B：いや、忙しくて多分、今年は行けないなあ。ま、どこも調子悪くないし、来年やればいいかな。

A：そういうもんじゃないでしょ。自覚症状ないだけかもしれないし。ちゃんと年1回は受けといたほうがいいよ。

（4）〜ぞって時に

強い気持ちで「やる」と決心した時に、その気持ちを削ぐようなことが起きると言いたい時の表現。

This formula, expressing discouragement, is used when your determination to do something is thwarted by circumstances.
想要述说正当自己决意要去"干"时, 却发生了削弱这一意志的事情时使用的表现。

🔊)) 076

❶ A：昨日のデート、どうだった？　告白、うまくいった？

B：それが……。今から告白するぞって時に、親から電話かかってきちゃって……。

A：あー、タイミング悪かったね。

❷ A：Bさん、先方へ行く前に、軽く食べておきません？

B：私はいいや……。これからあの怖ーい白石部長のところへ交渉に行くぞって時に、食べて眠くなっちゃったら大変だから。

（5）それはそれ、これはこれ

「それとこれは同じような問題に見えるが、実は全く違う問題だ」と言いたい時の表現。

Formula used to indicate that situations that look alike are actually quite different
想要述说 "这个和那个看起来好像是一样的问题, 但其实是完全不同的问题" 时使用的表现。

🔊)) 077

❶ A：会社の同僚がお菓子くれたの。お茶入れて、一緒に食べよう！

B：あれ？　昨日、「しばらくお菓子控える」って言ってなかった？

A：それはそれ、これはこれ。せっかくくれたのに、食べなかったらもったいないじゃない。

❷ A：何、このファイリングの仕方。商品別に並べないと、わかりにくくて、お客さん、見てくれないよ。

B：えー、先輩、この間は「日付順に並べればいい」って……。

A：それはそれ、これはこれ。お客さんに見せるもんなんだから。

1. 不安になっている相手を励ます

Giving encouragement to someone who is anxious / 勉励心情不安的对方

🔊 078（同僚A／同僚B）　🔊 079（同僚A）　🔊 080（同僚B）

同僚A	あー緊張してきた。 失敗したらどうしよう？
同僚B	大丈夫だって！ あんなにプレゼンの練習したんだから。
同僚A	大丈夫ってさ……。 契約取れなかったら、どうすんの？
同僚B	そん時はそん時だよ。なるようにしかならないって。
同僚A	そうだな。
同僚B	そうだって！　だから頑張れ！

以下のような場面で話してみよう。

1. これから就職の面接を受ける友人AをBが励ます。

2. オーディションを受ける前の友人AをBが励ます。

A	あー　（ 不安な気持ちを伝える ）　てきた。 Mention your apprehension / 诉说不安的心情 （ 不安な気持ちを具体的に伝える ）　たらどうしよう？ Go into detail about your apprehension / 具体地诉说不安的心情
B	（ 励ます ）　って！ Give encouragement / 鼓励 あんなに　（ 根拠を述べる ）　んだから。 Explain the grounds for your view / 谈根据
A	（ 相手の気になる発言を引用する ）　ってさ……。 Quote worrying remarks by B / 引用对方发言中自己感到不快的部分 （ 反論する ）　たら、どうすんの？ Present counterarguments / 反驳
B	そん時はそん時だよ。なるようにしかならないって。
A	そうだな。
B	そうだって！　だから頑張れ！

2. 悩んでいる相手を励ます

Giving encouragement to someone who is worried about something / 勉励烦恼中的对方

🔊 081（同僚A／同僚B） 🔊 082（同僚A） 🔊 083（同僚B）

同僚A	どうした？ 元気ないね。
同僚B	今月もノルマ達成できなくてさ……。
同僚A	先月よりよかったじゃない。 結果は出てるんだから。
同僚B	そういうもんじゃないでしょ。
同僚A	そういうもんだよ。頑張っていることは、みんなわかってるって。
同僚B	ありがとう。

以下のような場面で話してみよう。
1. Aが、結婚すべきか悩んでいる友人Bを励ます。
2. Aが、チームの人間関係がよくなくて悩んでいる同僚Bを励ます。

A	どうした？ 元気ないね。
B	（悩みを話す） てさ……。 Talk about your concerns / 谈烦恼
A	（事実を指摘して励ます） じゃない。 Point out facts and give encouragement / 指出事实予以鼓励 （更に励ます） んだから。 Give further encouragement / 进一步鼓励
B	そういうもんじゃないでしょ。
A	そういうもんだよ。 （励ます） って。 Give encouragement / 鼓励
B	ありがとう。

本文会話

1. 緊急停止ボタン：Emergency stop button / 急停按钮
2. 勘弁してくれ：Give me a break / 太过分了
3. やな感じ ◂ 嫌な感じ
4. 先方：The other party, them, the other person (s) (in this case, at work) / 对方
5. のん気な：Easy-going / 沉着
6. つまづく：Stumble, fail / 受挫
7. 気がすんな ◂ 気がするな / 気がしますね

表現

1. レゴ：LEGO® / 乐高
2. ヤバい：That's not good / 糟了
3. 持ってくんの ◂ 持ってくるの
4. 名刺（を）切らす：Run out of business cards / 名片已用光
5. 自覚症状：Subjective symptoms / 自觉症状
6. 控える：Refrain from, cut back on / 节制
7. ファイリング：Filing / 文件编排

談話練習

1. そん時 ◂ その時
2. ノルマ：Quota, target / （工作）指标

うわさ話をする

Gossiping / 谈论传闻

タスク

先輩社員松坂とチョウの会話を聞いて、次のことを話し合ってみよう。　🔊084

（解答例は別冊P4）

1. 先輩社員松坂とチョウが、岡野部長のうわさ話を始めたきっかけは
   何か。
2. そのうわさはどんな内容か。

🔊 084

松坂	まあ、とりあえず、今日のところはよかったな。
チョウ	まずまずってとこですね。
松坂	うん。まだ先は長いけどな。そういえばさ、今日、岡野部長、なんていうか、いつもと様子違ってたと思わない？　ずいぶんご機嫌っていうか……あんまネチネチ言ってこなかったし。
チョウ	なんか、結婚したらしいですよ(1)。
松坂	えーっ?!　結婚!!　だって、あの人、もう50過ぎてたんじゃなかったっけ?(2)
チョウ	関係ないんじゃないっすか。人生100年って言うでしょ。
松坂	えー、それにしても……いやー驚いたな。相手、どんな人？
チョウ	さあ……合唱サークルの人なんじゃないかな。
松坂	えー?!　岡野部長、合唱やってんの！
チョウ	そうみたいですよ(3)。
松坂	そっかー、そうなのかー……でも、なんでチョウさんそんな他社の人のこと知ってんの？
チョウ	院の研究室の先輩が、岡野部長と合唱サークルが一緒なんです。それで。
松坂	へえー、チョウさん、情報通じゃん(4)。
チョウ	そんなことないですよ。

コミュニケーション上のポイント①

うわさをする時によく使われる返答の表現「さあ……」

岡野部長の結婚について松坂が「相手、どんな人？」（10行目）とチョウに突っ込んで聞いた時、チョウは「さあ……合唱サークルの人なんじゃないかな。」（11行目）と答えています。この「さあ……」は「私はよくわからないけど」という意味で、あとに続く内容をはっきり言いたくない時に使います。情報に責任を持ちたくないという気持ちも含まれています。

さあ ... : A reply particle often used in gossipy conversation

When Matsuzaka questions Chow in depth about the marriage of chief director Okano, asking "相手、どんな人？(Who is the bride?)" (Line No.10), Chow replies "さあ ... 合唱サークルの人なんじゃないかな (Well, it could be someone in the choral circle)" (Line No.11). This さあ ... particle has the meaning of "I am not familiar with this matter" and do not wish to impart explicit information. It implies a sense of not wishing to take responsibility for the information.

回应传闻时常用的表现「さあ……」

关于冈野部长结婚的事，松坂刨根问底地向小赵打听「相手、どんな人？」(对方是什么样的人？)(第10行) 时，小赵回答说：「さあ……合唱サークルの人なんじゃないかな。」(嗯，好像是合唱小组的人吧。)(第11行)。这个「さあ……」的意思是"我不太清楚"，用于在不想明确说出后续内容时。也包含有不想对信息内容承担责任的心情。

コミュニケーション上のポイント②

「～じゃん」に注意しよう！

松坂がチョウに対して「へえー、チョウさん、情報通じゃん。」（18行目）と言っているように、「～じゃん」は、相手に確認や同意を求める文末表現です。「～でしょ」「～じゃない」より更にくだけた言い方で、友達同士の会話で大変よく使われます。しかし、「～さ」の使い方同様、どんなに親しくても先輩や上司に使うと失礼な印象を与えてしまうので注意が必要です。

~じゃん: A tricky particle

~じゃん is an ending for seeking the confirmation or agreement of the listener, as illustrated in the way that Matsuzaka tells Chow "へえー、チョウさん、情報通じゃん (Wow, Chow-san, you're really in the know, aren't you?)" (Line No.18). It is a much less formal way of expressing yourself than ~でしょ or ~じゃない, and is often used in conversation among friends. However, as with ~さ, you must be careful when using it with seniors and superiors, no matter how familiar you are with them, as it can seem rude.

注意一下「～じゃん」的用法！

就如松坂对小赵说的「へえー、チョウさん、情報通じゃん。」(欸，小赵，你消息够灵通的啊。)(第18行)，「～じゃん」是要求对方加以确认，或表示同意的句尾表现。是比「～でしょ」「～じゃない」更为随意的说法，经常用于朋友之间的对话。但是，与「～さ」的用法相同，需要注意的是，无论多么亲近，如果用于前辈和上司都会给人留下失礼的印象。

（1）なんか、～らしいよ

本当のことかどうか断定はできないが、うわさなど、他の人から聞いたことをソフトに伝えたい時の表現。

These are formulas that are used when passing on unsubstantiated information from others in a detached way, without any sense of responsibility for it; you are unable to say whether it is true or not.
想要把自己从别人那里听到的、自己也无法判断真假的传闻等委婉地告诉别人时使用的表现。

🔊 085

❶ A: 最近、Cさん、付き合い悪いよね。飲みに誘っても、全然来ないし。

　 B: なんか、副業で漫画描き始めたらしいよ。ネットで連載も持ってるって。

　 A: えっ、そうなの？　どのサイト?!

❷ A: 最近、あの店のお弁当、種類減ったよね。1時頃行くと、もう売り切れてて買えないことも多くなったし。

　 B: なんか、ご主人が倒れて、大変らしいですよ。

　 A: えっ、じゃあ、奥さん一人で作ってるってこと？

（2）～んじゃなかったっけ？

「確か～だったよね」と自分が知っている情報「～」が正しいか、確認のために尋ねる時の表現。

This formula is used to seek confirmation that information known to you is actually correct: "Have I got that right?"
"确实是～吧"，是为了确认自己得知的信息"～"是否准确，而去询问别人时使用的表现。

🔊 086

❶ A: あれ?!　終電行っちゃった?!　最終って12時55分なんじゃなかったっけ？

　 B: ねえ、見て！　ここに先週ダイヤ改正したって書いてある！　最終、12時50分だって。

　 A: えっ、そうなの?!　どうしよう……。

❷ A: あのさ、5月に結婚式やることになったから、出席してもらいたいんだけど……。

　 B: あれ？　籍だけ入れて、結婚式はしないんじゃなかったっけ？

　 A: そのつもりだったんだけど……。親がやれってうるさくてさ。家族と親しい友人だけ呼んでやることにしたんだ。

（3）～みたいだよ

確かかどうかわからないが、外から得た情報を相手に伝えたい時の表現。

This expression is used when you wish to pass on information that you have obtained from an outside source but are not sure of yourself.
虽不知道是否真实，但想要把从外部获得的信息告诉给对方时使用的表现。

🔊 087

❶ A：Cさんっていつもおしゃれだよね。あの着こなし、参考になるなあ。
　　B：学生ん時、読者モデルやってたみたいですよ。
❷ A：Cさんさ、メールの返事遅くなったよね。返信の文もそっけないし。
　　B：仕事、大変なんだって。新しい上司がちょっとやっかいな人みたいだよ。

（4）～じゃん　　　　　　　　　　　　　　　　→～じゃない

相手に自分のコメントや情報を伝えて、確認や共感を求めたい時に使う表現。「へえ」「結構」などと一緒に使って、驚きを表すこともできる。

This ending is used to elicit confirmation or sympathy after you have made comments or passed on information. When used with へえ, 結構 and other such responses, it also can express surprise.
用于把自己的评论和信息告诉对方，希望得到确认或同感时的表现。和「へえ」「结构」等一起使用也可以表示惊讶。

🔊 088

❶ A：ねえねえ、今週お花見行くじゃん？　買い出しとか場所取り、どうする？
　　B：うーん、人数にもよるしなー。ちょっと幹事に聞いとくよ。
❷ A：この間、汚しちゃったズボン、シミ、落ちた？
　　B：うん。何とか。ちょっとうっすら残っちゃったけど。今日穿いてるの、その時のだよ。
　　A：へえ、結構きれいに落ちてるじゃん。言われないとわかんないよ。

1. 様子がいつもと違う人のことを話す

Talking about someone whose manner or appearance is different from usual / 谈论与平时有些异样的人的事情

🔊 089（先輩／後輩）　🔊 090（先輩）　🔊 091（後輩）

先輩	最近、山田さん、機嫌いいと思わない？
後輩	なんか、宝くじ、当たったらしいですよ。
先輩	えー！　当たったって、いくら？
後輩	そんなの知らないですよ。でも機嫌いいんだから、
	それなりなんじゃないっすか。
先輩	えー、そうなのか。じゃあ、おごってもらおう。
後輩	そうですね。

以下のような場面で話してみよう。
1. 先輩Aが、元気がない同僚のことについて、後輩Bに話す。
2. 先輩Aが、最近あか抜けてきれいになった同僚のことについて、後輩Bに話す。

A	最近、（ 人の名前 ） さん、（ 最近の印象を話す ） と思わない？
	Name of person / 人的名字　　Give your recent impressions / 谈最近的印象
B	なんか、（ 聞いた話を伝える ） らしいですよ。
	Pass on what you have heard / 传达听到的话
A	えー！　（ 具体的に聞く ） ？
	Ask for details / 打听具体的
B	そんなの知らないですよ。でも （ 最近の印象を話す ） んだから、
	Give your recent impressions / 谈最近的印象
	（ 自分の考えを言う ） んじゃないっすか。
	State what you think / 谈自己的想法
A	えー、そうなのか。じゃあ、（ 提案する ） う。
	Make a suggestion / 提出建议
B	そうですね。

2. うわさ話をする

Gossiping / 谈论传闻

🔊 092（同僚A／同僚B）　🔊 093（同僚A）　🔊 094（同僚B）

同僚A	ねえねえ、聞いた？　山田さん、辞めるんだって。
同僚B	えーっ！だって、来週から大阪支店に転勤するんじゃなかったっけ？
同僚A	うん、それが嫌だったらしいよ。転職するみたい。
同僚B	えー、そうなの。全然知らなかった。ずいぶん詳しいじゃない。
同僚A	山田さんの上の井上さんから聞いたんだ。
同僚B	へえー、情報通じゃん。

以下のような場面で話してみよう。
1. 担当していた仕事から外された同僚について、AとBがうわさ話をする。
2. 同僚の結婚話について、AとBがうわさをする。

A	ねえねえ、聞いた？　（人の名前）さん、 Name of person / 人的名字 （うわさをする）んだって。 Pass on the rumor / 传播传闻
B	えーっ！ だって、（うわさの相手について自分が知っている情報を話す） Relate what you know about a person who is the subject of a rumor 谈自己所知道的有关传闻对象的信息 んじゃなかったっけ？
A	うん、（うわさをする）らしいよ。（補足する）みたい。 Pass on the rumor / 传播传闻　　　　Add information / 补充
B	えー、そうなの。全然知らなかった。ずいぶん詳しいじゃない。
A	（情報源）から聞いたんだ。 Information source / 信息来源
B	へえー、情報通じゃん。

語彙リスト

本文会話

1. まずまず：Not so bad, pretty good / 马马虎虎

2. あんま ◂ あまり

3. ネチネチ言う：Nag, go on about / 絮絮叨叨地说

4. っすか ◂ ですか

5. 院 ◂ 大学院

6. 情報通：Well-informed (person) / 信息灵通

表 現

1. 副業：Side-business, side-job / 副业

2. 連載：Serialization / 连载

3. 終電：Last train / 末班车

4. 最終：Last (train) / 末班 (车)

5. ダイヤ (を) 改正する：Revise a timetable / 修订时刻表

6. 籍を入れる：Register a marriage (have name entered in the family register) / 为结婚迁入户口

7. 着こなし：Style of dress, attire / 穿得得体

8. 学生ん時 ◂ 学生の時

9. 読者モデル：Reader model / 读者模特儿

10. そっけない：Curt, brusque / 冷淡

11. やっかいな：Difficult, troublesome / 难对付

12. 幹事：Organizer, coordinator (of an event) / 干事

13. シミ：Stain / 污迹

14. うっすら：Faint / 隐约

談 話 練 習

1. 宝くじ：Lottery / 彩票

2. それなり：As can be expected / 相应

3. おごる：Treat (someone to) / 请客

4. あか抜ける：Become more sophisticated / 变得文雅

5. 上：Boss, superior / 上司

64

ジムでストレス解消

De-stressing at the gym / 在健身房消除精神压力

筋トレで汗を流す

Working up a sweat with weights / 通过肌肉锻炼流汗

タスク

ジムでの会話を聞いて、次のことを話し合ってみよう。　　　　🔊 095
（解答例は別冊P4）
1. スティーブの体は、今どんな状態か。
2. スタッフや鈴木は、スティーブにどんなアドバイスをしたか。

🔊 095

スタッフ	あれ、スティーブさん、もう上がるんですか。
スティーブ	うん、今日は軽めにしとこうと思って(1)。ちょっと背中が張っちゃって。
スタッフ	どうしました？
スティーブ	ここんとこ、ずっと仕事で立ちっぱなしだから……。
スタッフ	それはキツイですねー。今、筋トレは週3ぐらいでしたっけ？
スティーブ	うん。おととい脚やって、今日は背中。
スタッフ	あー、脚と背中のトレーニングって、間隔空けたほうがいいんですよ。
スティーブ	え、そうなの？
スタッフ	はい。疲労が抜けてからじゃないと(2)、腰に来ちゃいますから気を付けてください。
スティーブ	そうなのか……どのくらい空けたらいいの？
スタッフ	最低でも中二日は。筋トレはやり方次第で、週2でも十分効果がありますから。お仕事忙しい時は無理しないで。
スティーブ	うん、ありがとう。

・・

鈴木	ああ、スティーブさん、お疲れー。
スティーブ	あ、鈴木さん、お疲れさまです。それ、卵ですか。
鈴木	うん、ゆで卵6個。ゴールデンタイムに取らないとアレだから。
スティーブ	それって、筋トレしてから1時間以内にタンパク質取るといいってやつ？
鈴木	45分以内だよ。家に帰ってからじゃ(3)、間に合わないから持ってきた。
スティーブ	す、すごいですね。
鈴木	スティーブさんは？　筋肉にいいこと、何かやってないの？
スティーブ	そうですねー、時々プロテインドリンク飲むぐらいですかね(4)。
鈴木	筋肉にいい食べもん、ちゃんと取ったほうがいいよ。はい、一つ食べなよ(5)。
スティーブ	えー、だって、鈴木さんのご飯でしょ？
鈴木	いいからいいから。
スティーブ	ありがとうございます。いただきます。

コミュニケーション上のポイント①

言葉そのものの意味以外のことについて尋ねる表現「それ、〜ですか」

スティーブが鈴木の卵を見て「それ、卵ですか。」（16行目）と聞いています。この場面で、スティーブが相手に期待する答えは「はい、卵です」ではなく、卵を持っていることについての説明です。つまり「どうして今、卵を持っているんですか」とか「どうしてそんなに卵を食べるんですか」と尋ねているのです。

それ、〜ですか is used to broaden a straightforward question (is X Y?) beyond its literal meaning and so elicit further information (e.g., why is X Y?)

Steve looks at Suzuki's boiled eggs and asks "それ、卵ですか (Are those eggs?)" (Line No.16). In this exchange, the answer that Steve expects from Suzuki is not, "はい、卵です (Yes, my eggs)," but an explanation of why he has boiled eggs. In other words, he really means to ask why Suzuki has boiled eggs now, or why he is having so many boiled eggs.

询问语言自身意义之外的内涵表现的「それ、〜ですか」

史蒂夫看到铃木的鸡蛋问道「それ、卵ですか。」(那，是鸡蛋吗？)（第16行）。在这一场面，史蒂夫期待对方的回答并不是「はい、卵です」(对，是鸡蛋)，而是就拿着鸡蛋这件事所做的说明。也就是说，他在问 "为什么现在拿着鸡蛋？" 或 "为什么吃那么多鸡蛋？"。

コミュニケーション上のポイント②

はっきり言いたくない時に便利な表現「アレ」

鈴木が自分の卵について「ゴールデンタイムに取らないとアレだから。」（17行目）とスティーブに説明しています。この場合の「アレ」は、「ダメだ / 問題だ / 困る / 効果がない」などと言いたい気持ちを表します。都合が悪いとはっきり言いたくない時に、「アレ」は大変便利でよく使われます。丁寧とは言えない表現ですが、目上の人と雑談する時にも使えます。

アレ: A word for when you want to avoid saying something explicitly

Suzuki explains to Steve about his boiled eggs, "ゴールデンタイムに取らないとアレだから (If I don't take it out at the right time, it will be no good)" (Line No.17). In this case, アレ expresses a sense that something is not good, is a problem, has failed or does not work. アレ is often used when you don't want to say explicitly that something is inconvenient. It is not a polite expression, but it can also be used when chatting with superiors.

不想把话说清楚时，用起来很方便的表现「アレ」

关于自己的鸡蛋，铃木对史蒂夫的解释是，「ゴールデンタイムに取らないとアレだから。」(因为不在黄金时间吃就没效果了。)（第17行）。这种场合的「アレ」是想表示 "不行、有问题、为难、没效果" 等的心情。不方便说或不想明说时，经常使用「アレ」，非常方便。虽然说不上是很礼貌的说法，但即使与上司、长辈闲聊时也可以使用。

（1）〜とこうと思って

→ておこうと思って

「あることのために、準備をしたり今やっていることを終わらせたりしよう」と思っている時に使う表現。

Formula used when you are preparing for something or finishing off a task in hand, in order to do something else
用于想要为了某件事做准备，或先把手头的事情做完时的表现。

🔊 096

❶ A: ちょっとドラッグストアに寄ってってもいい？
　 B: いいよ。何か買うの？
　 A: うん。週末、寒くなるみたいだから、カイロ買っとこうと思って。
❷ A: あれ、珍しい。もう飲まないんですか。
　 B: うん。あした健康診断だからさー。ほどほどにしとこうと思って。

（2）〜てからじゃないと

「もし〜しなければ、あとで問題や不都合なことが起きたり、そのあとの行動ができなくなったりする」と言いたい時の表現。「まず〜することが必要だ」と強調する時に使う。

Formula used when you wish to express the idea that if something is not done, then problems or inconveniences will arise later, or you will be unable to do something; used to emphasize that something needs to be done first
想要说"如果不做〜的话，以后就会发生问题和不妥的事情，抑或后边的行动就无法开展"时使用的表现。用于强调"必须先做〜"时。

🔊 097

❶ A: 来月の24日、有休取れない？
　 B: 多分大丈夫だけど、課長に確認してからじゃないと、決めらんないなあ。
❷ （キャンプの準備で）
　 A: ちょっと何？　一人でいきなり始めちゃって。
　 B: えっ？　ダメ？
　 A: ちゃんと役割分担と段取りを決めてからじゃないと、誰が何をやったらいいか、わからなくなっちゃうじゃん。

（3）〜てからじゃ

「〜したあと、〜になったあとでは遅い」と言いたい時の表現。後ろには「…ない」が続くことが多い。

Formula used when you wish to state that it might be too late after you do something, or become something; often it is followed by ...ない
想要说 "做〜之后，成为〜之后，就晚了" 时使用的表现。后续多为「…ない」。

🔊 098

❶ A: 卒業旅行、南米1か月だって？　いいねー。
　　 B: うん。会社に入ってからじゃ、そんなことはできないからね。
❷ A: 災害に備えて、何かストックしてる？　うち、何もしてないんだけど……。
　　 B: 水とか、缶詰とか……。少しは用意しといたほうがいいよ。何か起きてからじゃ、手に入らないよ。

（4）〜ですかね

断定できずに自分自身に確認しながら、相手に伝えたい時の表現。

Ending used when telling somebody something, while confirming it yourself because you are in doubt
想要把虽然不能断定，但自己正在确认的内容告诉对方时使用的表现。

🔊 099

❶ A: Bさんが結婚相手に求める条件って、何？
　　 B: そうだなあ……。価値観が自分と同じっていうことですかね。あとは経済的に自立している人がいいですね。
❷ A: この部屋、暖房強くしてんのに、なんか寒いね。
　　 B: そうですね。どっか隙間から風が入ってきてるんですかね。

（5）〜なよ　　　　　　　　　　　　　　　　　　→〜なさいよ

相手に強く勧めたり、促したりする時に使う表現。

Ending used to strongly recommend or urge that somebody do something
用于拼命劝说、催促对方时的表现。

🔊 100

❶ A: 結婚する気がないこと、彼女にもう言ったの？
　　 B: いや、まだ……。
　　 A: 早く言いなよ。いつまでも待たせたらかわいそうでしょ。
❷ A: Bさん、熱あるんだって？　今日はもういいから帰んなよ。
　　 B: すみません……じゃ、お先に失礼します。

1. やり方について尋ねる
Asking how to do something / 询问有关做法

🔊 101（客／ジムのスタッフ）　🔊 102（客）　🔊 103（ジムのスタッフ）

（ランニングマシンの前で）

客　　　　　　　ダイエットするには、どうやったらいいですか。

ジムのスタッフ　運動強度は上げないほうがいいですよ。
　　　　　　　　心拍数は120から130の間で走ってください。

客　　　　　　　120から130？

ジムのスタッフ　ええ、おしゃべりができるレベルです。

客　　　　　　　傾斜角度はつけなくていいの？

ジムのスタッフ　ああ、つけたほうがいいですね。5%から8%がいいんですけど、
　　　　　　　　最初は5%で。慣れてからじゃないと、ケガをしやすいですから。

客　　　　　　　わかりました。ありがとう。

以下のような場面で話してみよう。

1. 客Aが、ヨガのインストラクターBに、体を柔らかくする方法を聞く。
2. 客Aが、水泳のインストラクターBに、体力を付ける方法を聞く。

A　　（ やり方を尋ねる ）　には、どうやったらいいですか。
　　　Ask how to do it / 询问做法

B　　（ アドバイスする ）　ほうがいいですよ。
　　　Give advice / 出主意

　　　（ 詳しくアドバイスする ）　てください。
　　　Give detailed advice / 具体地说明要出的主意

A　　（ わからないことを聞き返す ）　？
　　　Ask again about what you do not understand / 重复问不明白的事情

B　　（ 答える ）　です。
　　　Give a response / 回答

A　　（ 質問する ）　ていいの？
　　　Ask a question / 询问

B　　ああ、（ アドバイスする ）　ほうがいいですね。
　　　　　　　Give advice / 出主意

　　　（ 詳しくアドバイスする ）。
　　　Give detailed advice / 具体地说明要出的主意

　　　（ アドバイスの根拠を説明する ）　てからじゃないと、
　　　Explain the grounds for your view / 对所出主意的依据加以说明

　　　（ アドバイスの根拠を説明する ）　から。
　　　Explain the grounds for your view / 对所出主意的依据加以说明

A　　わかりました。ありがとう。

2. ジムでスタッフと雑談する

Chatting with staff at the gym / 在健身房与工作人员闲聊

🔊 104(ジムのスタッフ／客)　🔊 105(ジムのスタッフ)　🔊 106(客)

ジムのスタッフ	お疲れさまです。
	今日は早いんですね。
客	うん、今日はランニングだけ。
	これから友達と飲むから、お腹空かせとこうと思って。
ジムのスタッフ	そうですか。あしたの朝の私のクラス、来られますか。
客	うーん、今夜の飲み次第かな?
ジムのスタッフ	来てくださいよ。
客	なるべくね。

以下のような場面で話してみよう。

1. スタッフAに筋トレを毎日やっているか聞かれて、客Bが答える。
2. 久しぶりのジムで、スタッフAに食事管理ができているか聞かれて、客Bが答える。

A	お疲れさまです。
	(客の様子について感想を言う) ね。
	Give an impression of how the customer is / 谈有关顾客情况的感想
B	うん、(答える) 。
	Give a response / 回答
	(理由を言う) うと思って。
	Explain the reason(s) / 谈理由
A	そうですか。(質問する) か。
	Ask a question / 询问
B	(答える) かな?
	Give a response / 回答
A	(念を押す) てくださいよ。
	Repeat something for clarity / 叮嘱
B	(答える) 。
	Give a response / 回答

本文会話

1. 上<ruby>あ</ruby>がる：Be done / 结束
2. 背中<ruby>せなか</ruby>が張<ruby>は</ruby>る：Have sore back muscles / 腰酸背痛
3. 間隔<ruby>かんかく</ruby>（を）空<ruby>あ</ruby>ける：Leave intervals / 间隔
4. 抜<ruby>ぬ</ruby>ける：Get rid of, get over / 消除
5. 腰<ruby>こし</ruby>に来<ruby>く</ruby>る：Have lower-back pain / 会腰痛
6. いいってやつ：Said to be good / 说是～最好
7. プロテインドリンク：Protein drink / 蛋白质饮料

表現

1. カイロ：(Disposable) hand warmer / 怀炉
2. ほどほどにする：Do something in moderation / 适可而止
3. 決<ruby>き</ruby>めらんない ◀ 決<ruby>き</ruby>められない
4. 段取<ruby>だんど</ruby>り：Plan, arrangement / 步骤
5. ストックする：Stock up / 储备
6. 隙間<ruby>すきま</ruby>：Gap, crack / 空隙

談話練習

1. 強度<ruby>きょうど</ruby>：Intensity, strength / 强度
2. 心拍数<ruby>しんぱくすう</ruby>：Heart rate / 心拍数
3. 傾斜角度<ruby>けいしゃかくど</ruby>：Tilt angle, slope angle / 倾斜角度

サウナで健康談義

Talking health in the sauna / 在桑拿聊健康

タスク

サウナでの3人の会話を聞いて、次のことを話し合ってみよう。　🔊107
（解答例は別冊P4）

1. サウナに入ることで得られる効果は何か。
2. スティーブはこのあと、何をすると思うか。

🔊 107

ケン	どうぞー。ここ空いてるよ。
スティーブ	すいません。今日はプールですか。
ケン	ううん。今日は仕事場からここに直行。アイデア浮かばなくって₍₁₎さ。スティーブさんは？
スティーブ	ジム行ってきたとこ₍₂₎です。アイデア、降りてきました？
ケン	うん。サウナと水風呂、3セット繰り返したところで来たよ。なんか、頭が研ぎ澄まされてさ、スーッと降りてきた感じ！
ヒロ	それ、「整った」んだね。
スティーブ	整った？　何ですか。それ。
ヒロ	サウナで得られる究極のリラックス状態のこと。ヨガの瞑想のあとの頭ん中とおんなじになるんだって。
ケン	サウナと水風呂、交互に入るってのが₍₃₎ポイント。
スティーブ	なるほどー。頭がリセットされるっていうか、整理されるってことですね。はい、はい。
ケン	なんでも、サウナのあとの右脳は活性化してるんだってよ。
ヒロ	うつ病や認知症予防にもいいらしいね。
スティーブ	そうなんですか。皆さんよく知ってるんですね。
ヒロ	まあね。うつも認知症も他人事じゃないからね。
スティーブ	ヒロさんみたいな健康志向の人に限って₍₄₎、そんなこと、あるわけないですよ。

5

10

15

20

・・・・・・・・・・・・・・・・・・・・・・・・・・・・・・・・・

（ロッカールームで）

スティーブ	（鼻歌）
ヒロ	スティーブさん、もしかして、このあと、ビール1杯、なんて思ってない？
スティーブ	もちろん。サウナのあとはやっぱ、冷えたビールでしょ？
ヒロ	ダメだよ。サウナのあと酒飲んじゃ。効果台無しだよ。
スティーブ	そうなんですか。えー。
ヒロ	ま、言うだけ無駄₍₅₎か……。

25

コミュニケーション上のポイント

年齢や職業の異なる人たちと話してみよう！

サウナで常連客と話すスティーブの話し方を見ると、基本は「です／ます」の丁寧な形、時折、親しみを表す形を混ぜています。そして、自分自身の話は簡潔に、相手の話にはあいづちや共感を表す言葉を使って耳を傾けています。このようにいろいろな形を使うことで、年齢や職業の異なる人たちと距離を縮めることができます。

Try speaking with people of different ages and occupations.

When we look at Steve's way of speaking with the regulars in the sauna, we see that he basically uses the polite forms です and ます, but sometimes mixes in more familiar forms. He expresses himself simply, and listens to his companions' talk while making responses and empathetic remarks to encourage the speaker. In this way, by varying speech register, you can narrow gaps with people of different ages and occupations.

尝试着与不同年龄、职业的人交谈！

看看史蒂夫在洗桑拿时和常客的交谈, 基本上使用的是礼貌形「です／ます」, 偶尔也混杂些表示亲密的语形。而且, 自己说的话比较简洁, 聆听对方说话时则不时加以附和, 说些表示同感的话语。像这样使用各种语形, 可以拉近与不同年龄、职业的人之间的距离。

(1) 〜くって → 〜くて

理由を強調したい時に使う表現。

A way of indicating when a speaker wishes to emphasize a reason for something
用于想要强调理由时的表现。

🔊 108

❶ A： 在宅勤務ってどう？

　　B： うーん……。会社に行ってるほうがはかどるよ。うち、向かいの店がうるさくって、
集中できないから。

❷ A： 先月、母が国からいろいろ送ってくれたみたいなんだけど、まだ届かなくってさ
……。

　　B： えー、それは心配だね。

　　A： うん。運送会社や航空会社にも問い合わせたんだけど、担当者も原因わかんないって。

(2) 〜たとこ → 〜たところ

「ちょうど〜が終わったタイミングだ」と言いたい時の表現。

Formula used to express the sense that an action or process has just been completed or finished
想要述说"正好是〜刚刚结束"时使用的表现。

🔊 109

❶（居酒屋で）

　　A： こっち、こっち！

　　B： 遅くなってごめん。もう頼んだ？

　　A： うん、ビールだけ頼んだとこ。

❷（電話で）

　　A： 今、どこ？

　　B： 駅。今、改札出たとこ。ごめん、あと5分待って。

(3) 〜ってのが → 〜というのが

「〜」を強調したい時に使う表現。

Formula used for emphasis of ～
用于想要强调"〜"时的表现。

🔊 110

❶ A： このアイロン、軽くていいね。

　　B： うん。服をハンガーにかけたまま、しわを伸ばせるってのが便利だよね。

❷ A: 昨日の件、営業部から何か言ってきた？

B: いや、何も。あんな無理なことこっちにさせといてさ、一言もないってのが信じらんないよ。

(4)［人］に限って〜

「その人だけは特別だから、そのような悪い状況にはならない」と話し手が信じている気持ちを強調したい時の表現。

This formula emphasizes the speaker's belief that somebody will avoid a bad situation because of their special qualities.

"唯有那个人（是绝不会〜的），所以状况不至于那么糟"，这是想强调说话人表示相信的心情时使用的表现。

🔊 111

❶ A: ゆうべ、歌舞伎町で課長見かけてさ。派手な女の人と歩いてたんだよね……。

B: えー、人違いじゃない？　あのまじめな課長に限って、そんなことあり得ないでしょ。

❷ A: Cさん、パワハラで訴えられたらしいよ。

B: えっ、本当?!　あの人望の厚いCさんに限って……。何かの間違いじゃないの？

(5)〜だけ無駄

「どんなに〜しても何の意味も効果もない、役に立たない」と言いたい時の表現。

Formula used when you wish to say that something is pointless, or that no good will result, whatever you do

想要说 "无论怎么做，都没有意义也没有效果，起不了作用" 时使用的表现。

🔊 112

❶ A: エリさんのこと、好きなんでしょ？　飲みに誘ったりしないの？

B: いや、この間、ジョンさんと楽しそうに話してんの、見ちゃったから……。誘うだけ無駄だよ。

❷ A: 何とかして、課長を説得できないかなあ。

B: 無理無理。課長、相当頑固だから。そんなこと思うだけ無駄だよ。

1. 健康について情報交換する
Exchanging personal health information / 交換有关健康的信息

🔊 113（後輩／先輩）　🔊 114（後輩）　🔊 115（先輩）

後輩	最近、やせにくくって。 食べる量減らしてんのに。
先輩	代謝落ちてんじゃないの？ このドリンク、代謝アップに効くって。
後輩	ホントですか。
先輩	うん。まだ飲み始めたとこだけど、調子いいよ。 受付で売ってるよ。
後輩	そうですか。じゃあ、飲んでみようかな。
先輩	うん、だまされたと思って、飲んでみなよ。

以下のような場面で話してみよう。
1. 後輩Aが花粉症について先輩Bに話す。
2. 後輩Aが慢性的な疲れについて先輩Bに話す。

A	最近、（ 健康上の悩みを話す ）くって。 Explain your health concerns / 谈健康上的烦恼 （ 今の状態について話す ）のに。 Explain about your current (mental / physical) condition / 谈现在的状态
B	（ 原因を指摘する ）んじゃないの？ Indicate the cause / 指出原因 （ 情報を教える ）って。 Impart information / 告知信息
A	ホントですか。
B	うん。（ 根拠を話す ）。 Explain the grounds for your view / 谈根据 （ 情報を教える ）よ。 Impart information / 告知信息
A	そうですか。じゃあ、（ アドバイスを受け入れる ）かな。 Accept the advice / 接受所出的主意
B	うん、（ 強く勧める ）なよ。 Strongly recommend / 极力劝说

2. 気になっていることについて雑談する

Chatting about matters of personal concern / 闲聊感到担心的事情

🔊 116（同僚A／同僚B）　🔊 117（同僚A）　🔊 118（同僚B）

同僚A	テレワークっていうけど、 生産性上がるのかな？
同僚B	職種によるんじゃない？ 100％導入なんて、やれっこないよ。
同僚A	そうだよね。営業なんて、会ってなんぼの世界なんだから。
同僚B	そうそう。上はわかってないよな。
同僚A	まあ、そんなもんだよ。
同僚B	言うだけ無駄、無駄。

以下のような場面で話してみよう。
1. 働き方改革で長時間労働を減らそうとする会社の取り組みについて、同僚AとBが雑談する。
2. 社内でペーパーレス化を呼びかけていることについて、同僚AとBが雑談する。

A	（ 気になっていることを取り上げる ） っていうけど、 Raise concerns / 提出自己感兴趣的事情 （ 否定的な問いかけをする ） のかな？ Ask a negative question / 做否定性的提问
B	（ 自分の考えを言う ） んじゃない？ State what you think / 谈自己的想法 （ 自分の考えを言う ） よ。 State what you think / 谈自己的想法
A	そうだよね。（ 根拠を話す ） んだから。 Explain the grounds for your view / 谈根据
B	そうそう。（ 自分の考えを言う ） よな。 State what you think / 谈自己的想法
A	まあ、そんなもんだよ。
B	言うだけ無駄、無駄。

79

本文会話

1. 降りてくる：Come up with, think of / 想出来
2. 研ぎ澄まされる：(Think) sharply, be clear in the head / 变得清晰
3. 究極：Ultimate / 最佳（状态）
4. 瞑想：Meditation / 冥想
5. おんなじ ◀ 同じ
6. 交互に：Alternately, in turn / 交替
7. リセットされる：Be reset / 归0
8. 右脳：Right brain / 右脑
9. 活性化する：Be activated / 活性化
10. うつ（病）：Depression / 抑郁症
11. 認知症：Dementia / 认知症
12. 健康志向：Health-consciousness / 健康志向
13. やっぱ ◀ やっぱり / やはり
14. 台無し：Spoiled / 破坏

表現

1. はかどる：Get things done / 进展顺利
2. しわ：Crease, wrinkle / 皱纹
3. 人違い：Mistake for someone else / 认错人
4. パワハラ：Harassment using a position of authority / 职权骚扰
5. 人望の / が厚い：Popular, well-liked / 声望很高

談話練習

1. 代謝：Metabolism / 代谢
2. 花粉症：Hay fever / 花粉症
3. 慢性的な：Chronic / 慢性的
4. 生産性：Productivity / 生产率
5. 〜てなんぼの世界：World where something is meaningful / 要（做）〜才有意义的世界
6. 働き方改革：Work-style reform / 改革工作方法
7. ペーパーレス化：Creating a paperless system / 无纸化
8. 呼びかける：Appeal for, urge / 呼吁

ワークライフバランス

A sound work-life balance / 工作和生活的平衡

趣味が副業に？

When hobbies become side-jobs / 爱好成为副业?

タスク

由利とチョウの会話を聞いて、次のことを話し合ってみよう。　🔊119
（解答例は別冊P4）

1. チョウは何をしているか。それについて由利はどう思っているか。
2. それは由利のどんな発言からわかるか。

🔊119

由利	もうー、チョウさん<u>ってば</u>(1)！　バーベキューの<ruby>準備<rt>じゅんびてつだ</rt></ruby>手伝わないと、<ruby>神戸牛<rt>こうべぎゅう</rt></ruby>、<ruby>食<rt>た</rt></ruby>べさせてあげないよ！
チョウ	うーん……<ruby>今<rt>いま</rt></ruby>、<u>それどころじゃない</u>(2)んだよー。
由利	<ruby>何<rt>なに</rt></ruby>、やってんの？
チョウ	プラモデル。ちょっと<ruby>人<rt>ひと</rt></ruby>に<ruby>頼<rt>たの</rt></ruby>まれちゃって。<ruby>締<rt>し</rt></ruby>め<ruby>切<rt>き</rt></ruby>り<ruby>週<rt>しゅう</rt></ruby><ruby>明<rt>あ</rt></ruby>けだから、<ruby>今日中<rt>きょうじゅう</rt></ruby>にこれ、<ruby>塗<rt>ぬ</rt></ruby>んなきゃ。
由利	へえー、すごい！　チョウさんって、<u>こんな</u>こともできる<u>んだ</u>(3)！
チョウ	まあね。
由利	<u>よくそんな</u><ruby>細<rt>こま</rt></ruby>かいとこ、きれいに<ruby>塗<rt>ぬ</rt></ruby>れる<u>ね</u>(4)。
チョウ	<ruby>別<rt>べつ</rt></ruby>に。<ruby>慣<rt>な</rt></ruby>れれば<u>どうってことないよ</u>(5)。
由利	……ねぇ、チョウさん。さっき、「<ruby>人<rt>ひと</rt></ruby>に<ruby>頼<rt>たの</rt></ruby>まれた」って<ruby>言<rt>い</rt></ruby>ってたじゃない？
チョウ	ん？　ああ、そうだね。
由利	それって、お<ruby>礼<rt>れい</rt></ruby>もらったりしてるの？
チョウ	うん、まあ、ちょっとね。
由利	ちょっとって、いくらぐらい？
チョウ	ちょっとはちょっとだよ。ほんのちょっと。
由利	へえー、そうなんだ。こういうの、<u>しょっちゅう</u>(6)やってんの？
チョウ	しょっちゅうっていうか……。まあ、<ruby>月<rt>つき</rt></ruby>に4、5<ruby>件<rt>けん</rt></ruby>ぐらい？　<ruby>仕事<rt>しごと</rt></ruby>しながらだからね。そんなには<ruby>引<rt>ひ</rt></ruby>き<ruby>受<rt>う</rt></ruby>けらんないよ。でもまあ、ちょっとした<ruby>小遣<rt>こづか</rt></ruby>い<ruby>稼<rt>かせ</rt></ruby>ぎにはなってるかな。
由利	ふーん……。やっぱ、いいよ、チョウさん。バーベキュー<ruby>手伝<rt>てつだ</rt></ruby>わなくていい。
チョウ	えっ?!
由利	プラモデル、やってて。<ruby>肉<rt>にく</rt></ruby><ruby>焼<rt>や</rt></ruby>けたら<ruby>声<rt>こえ</rt></ruby>かけるから。
チョウ	ありがとう！　<ruby>由利<rt>ゆり</rt></ruby>さんって、<ruby>優<rt>やさ</rt></ruby>しいんだね。
由利	<ruby>何言<rt>なにい</rt></ruby>ってんの。<ruby>来週<rt>らいしゅう</rt></ruby>はすき<ruby>焼<rt>や</rt></ruby>きパーティーにするから。チョウさんのおごりね。
チョウ	えーっ!!

行番号: 5, 10, 15, 20, 25

コミュニケーション上のポイント

「へえー」を使ってほめよう！

由利がチョウのプラモデル作りの才能を見て、「へえー、すごい！」（7行目）「へえー、そうなんだ。」（17行目）と感心しています。チョウは由利からほめられたと感じて照れていますが、このように言われて悪い気がするという人はいないでしょう。「へえー」は「知らなかった！」という意味を表す感嘆詞ですが、相手の隠れた才能を発見した時などにほめ言葉と一緒に使えば、相手をちょっといい気分にさせることができます。

Praising somebody using the word へえー

Seeing Chow's skill at making plastic models, Yuri is impressed: "へえー、すごい！ (Wow!)" (Line No.7) "へえー、そうなんだ (Wow! I see!)" (Line No.17). Chow feels a little awkward at being complemented, though nobody should feel bad about this kind of praise. へえー is an interjection that means "I didn't know that!" If used with compliments when you discover an unsuspected talent in somebody, you can boost their spirits.

用「へえー」来夸奖对方吧！

由利看到小赵制作塑料模型的才能, 钦佩地说:「へえー、すごい！」（欸, 真了不起!）（第7行）「へえー、そうなんだ。」（欸, 是这样啊。）（第17行）。虽然小赵受到由利的夸奖后感到有些不好意思, 但恐怕没有人听到这样的表扬会感到不高兴的吧。「へえー」是感叹词, 意思是 "我原先竟然不知道!", 在发现对方有不为人所知的才能时, 和表示赞扬的词一起用, 会让对方感到心情愉悦。

(1) [人]ってば

ある人を取り上げて、その人への不満、非難、驚きを表したい時の表現。

Formula used in regard to a person about whom you wish to express dissatisfaction, criticism or surprise
围绕某人、想要表达对他不满、谴责、惊讶时使用的表现。

🔊 120

❶ A: まだ帰んないの？

B: うん、残業。課長ってば、ひどいんだよ。さっき、いきなり来てさ、「これ、今日中にやって」だって。

A: 信じらんないね。

❷ A: もう映画始まっちゃうよ。田中さんってば、全然戻ってこない!!

B: トイレ、すごく混んでたからね……。

(2) 今、〜どころじゃない

「今、〜ができる状況ではない」と切迫感を表したい時の表現。

Formula used to express a sense of inability to do something at a given time
"现在还不是能〜的状态"，是想要表达紧迫感时使用的表现。

🔊 121

❶ A: リサと付き合ってもう5年なんでしょ。結婚のこと考えないの？

B: 今、結婚どころじゃないんだよ。いつリストラでクビになるかわかんないんだから。

❷ A: 田中さん、最近帰り、早いと思わない？

B: ああ、来週手術受けるんだって。気持ち的には今、仕事どころじゃないんだと思うよ。

(3) こんな (に)／そんな (に) [動詞の可能形] んだ

相手の隠れた才能に「へえ、知らなかった。すごい！」と感心した時の表現。

Formula expressing wonder at somebody's previously hidden talent: "Wow, I didn't know. That's impressive!"
"欸，竟然不知道。真了不起！"，钦佩对方有不为人所知的才能时使用的表现。

🔊 122

❶ A: これ、全部一人で作ったの？　こんな本格的な料理、作れるんだ！

B: そんなに手がこんだものじゃないよ。

❷ A: 東京マラソン、走ったんだって？

B: うん。やっと4時間切れたよ。

A: えー、すごい！　そんなに速く走れるんだ！

（4）よくこんな／そんな [動詞の可能形] ね

相手のしたことに対する感心や驚き、不満や非難の意を表したい時に使う表現。

Formula used to express admiration, surprise, dissatisfaction or disapproval at something somebody has done
用于对对方所做的事情，表示钦佩、惊讶，抑或不满、谴责之意时的表现。

🔊 123

❶ A： 昨日のサッカーの試合、どうだった？

B： 2対0だったんだけどさー、残りの10分で3点取って逆転勝ち！

A： すごい！ よくそんな負け試合、ものにできたね。

❷ A： 聞いて！ 木村さんってば、契約取れたのは自分の力だって言ってるよ。

B： ふーん、よくそんな図々しいこと言えるね。

（5）どうってことないよ

「大した事ではない」と言いたい時の表現。自分に使う時は謙遜、相手に使う場合は相手への気遣いや励ましを表す。

This formula is used when you want to say that something is not a big deal. In reference to yourself, it is an expression of modesty, and when used with somebody else, it shows concern or encouragement.
想要说 "这不是什么大不了的事" 时使用的表现。用在自己时表示谦虚，用于他人时则表示对对方的担心或鼓励。

🔊 124

❶ A： この動画、すごい凝ってるね。こんなのできちゃうんだ。

B： これぐらいどうってことないよ。

❷ A： 来月、友達の結婚式でスピーチすることになってさー。日本語でスピーチなんて、うまくいくかどうか……。

B： 大丈夫、どうってことないよ。みんな酔っぱらってて、ちゃんと聞いてないから。

（6）しょっちゅう

「とても高い頻度でよくする、よくある」と言いたい時の表現。

An expression used when you do something frequently, or when something happens frequently
用于想要说 "是频率非常高的，常做、常有的事情" 时的表现。

🔊 125

❶ A： このシュレッダー、最近しょっちゅう紙詰まりするんだけど。

B： 買い替えの時期なんですかね。

❷ A： あ！ あの人！ 昨日テレビで見た！ お笑い芸人だよね。

B： ああ、この辺に住んでるみたい。ジョギングしてるの、しょっちゅう見かけるよ。

1. 相手の特技をほめる

Praising somebody for a special skill / 赞扬对方的特殊技艺

🔊 126（同僚A ／同僚B）　🔊 127（同僚A）　🔊 128（同僚B）

同僚A	へえー、田中さんって、こんなこともできるんだ！
	似顔絵うまいね。
同僚B	大したことないよ。
同僚A	よくそんな上手に特徴つかめるね。
同僚B	好きなだけだよ。別に、どうってことないよ。
同僚A	いやいや、すごいよ。
同僚B	そうかな？　ありがと。

以下のような場面で話してみよう。

1. Aが、DIYが得意な友人Bの作品を写真で見て、ほめる。
2. Aが、即興でピアノを弾いた友人Bをほめる。

A	へえー、　（ 人の名前 ）　さんって、こんなこともできるんだ！
	Name of person / 人的名字
	（ 具体的にほめる ）　。
	Offer compliments, in detail / 具体地夸奖
B	大したことないよ。
A	よくそんな　（ 更に具体的にほめる ）　ね。
	Offer more compliments, in detail / 更具体地夸奖
B	好きなだけだよ。別に、どうってことないよ。
A	いやいや、すごいよ。
B	そうかな？　ありがと。

2. お金のことについて聞く
Asking about money / 打听有关钱的事情

🔊 129（同僚A／同僚B）　🔊 130（同僚A）　🔊 131（同僚B）

同僚A	アンさんってば！　社長賞取るなんてすごいじゃない！
同僚B	いやいや、まぐれだよ。
同僚A	そんなことないでしょ。実力だよ。 社長賞って、ごほうびもらえたりするの？
同僚B	うん、まあ。
同僚A	まあって、いくらぐらい？
同僚B	そうだなあ、ホテル1泊分ぐらいかな？
同僚A	またまたー。そんな少ないわけないでしょ。
同僚B	いやいや……。

以下のような場面で話してみよう。
1. Aが、自宅で料理教室を開いている友人Bに、レッスン料について聞く。
2. Aが、SNSで動画を配信している友人Bに、広告収入について聞く。

A	（　人の名前　）　さんってば！　（　具体的にほめる　）　なんて Name of person / 人的名字　　Offer compliments, in detail / 具体地夸奖 すごいじゃない！
B	いやいや、（　謙遜して答える　）　よ。 Give a modest reply / 谦虚地回答
A	そんなことないでしょ。　（　ほめる　）　よ。 Offer compliment / 夸奖 （　お金のことについて聞く　）　もらえたりするの？ Ask about money / 打听关于钱的事情
B	うん、まあ。
A	まあって、いくらぐらい？
B	そうだなあ、（　あいまいに答える　）　ぐらいかな？ Give a vague answer / 含糊地回答
A	またまたー。そんな少ないわけないでしょ。
B	いやいや……。

第6話

シーン1　談話練習

本文会話

1. プラモデル：Plastic model / 塑料模型
2. 塗んなきゃ ◀ 塗らなきゃ / 塗らなければなりません
3. 小遣い稼ぎ：Earning pocket money / 挣零花钱
4. 言ってんの ◀ 言っているの / 言っているんですか

表現

1. 帰んないの？◀ 帰らないの？ / 帰らないんですか
2. 気持ち的には ◀ (〜の) 気持ち / 感情としては
3. 本格的な：Authentic, genuine / 地道的
4. 手の/がこんだ：Elaborate, complicated / 费事的
5. ものにする：Win, gain / 获胜
6. 図々しい：Brazen, boastful / 厚脸皮
7. 凝ってる ◀ 凝っている：Be elaborate / 精心制作
8. 紙詰まり：Paper jam / 卡纸
9. お笑い芸人：Comedian / 搞笑艺人

談話練習

1. 即興：Improvisation / 即兴
2. 社長賞：President's award / 社长奖
3. まぐれ：Fluke, good luck / 偶然
4. ごほうび：Reward / 褒奖

ボランティアをする

Doing voluntary work / 做义工

タスク

ボランティアについての会話_{かいわ}を聞いて、次_{つぎ}のことを話_{はな}し合_あってみよう。 🔊132

（解答例_{かいとうれい}は別冊_{べっさつ}P4）

1. ボランティアに行_いく前_{まえ}、由利_{ゆり}はどんなことを楽_{たの}しみにしていたか。

   それはどんな発言_{はつげん}からわかるか。

2. ボランティア活動_{かつどう}の中_{なか}で由利_{ゆり}はどんな立場_{たちば}か。それはどんな表現_{ひょうげん}

   からわかるか。

第6話

🔊132

スティーブ	あれ？ 由利、出かけんの？ 仕事？
由利	うん。言ってなかったっけ？ 被災地でボランティア。今日はね、ラグビーのナショナルチームが来てくれることになったんだって！すごくない？(1)
スティーブ	ふーん。でもさ、昨日テレビで試合やってたじゃん？ 昨日の今日じゃ、疲れて役に立たないんじゃないの？ 5
由利	スティーブじゃないんだから。きっと、ああいう人たちは一晩寝れば疲れなんてどっかいっちゃうんだよ。
スティーブ	そんなもんかね。
由利	じゃ、行ってきまーす！ 10

（被災地で）

由利	皆さん、今日はお疲れのところ、ありがとうございます。
ボランティア全員	疲れてなんかいませんよー!!
由利	そうですか。期待しています！ じゃあ、3、4人ずつ、それぞれのお宅で土砂の撤去作業をお願いします。気を付けてくださいねー！ 15
ボランティア全員	わかりましたー！

由利	すいませーん、そっち、持ってもらってもいい(2)ですか。
ボランティア1	オッケーです！

由利	あ、ちょっとこれ、あっちに運んでもらってもいいですか。
ボランティア2	いいっすよー。 20

由利	すいませーん、これ、どけてもらってもいいですか。
ボランティア3	わかりましたー。どこに置きますか。
由利	その隅でいいかな。そこにお願いします！

（3時間後）

地元のおじさん　あっという間に終わっちゃって。びっくりしたよー。

由利　　　　　ラグビーの皆さんのおかげですよ。

地元のおじさん　<u>ていうか、</u>(3) あんたもすごかったよー、おっきなショベルカー操っ　　5

　　　　　　　ちゃって。かっこよかったよー。よくあんなことできるね。

由利　　　　　いやいやいや……。

地元のおじさん　<u>なんか</u>さ、俺たちも元気もらえた<u>って感じ</u>(4)。ありがとね。

由利　　　　　こちらこそ。お役に立てたならすごくうれしいです！

第6話

シーン2　本文会話

(1)［イ形容詞］くない？

「〜と思わない？」と、相手に共感してもらいたい時の表現。

Ending used to elicit sympathy from another person: "Don't you agree that ~?"
"不认为〜吗?"，这是想获得对方同感时使用的表现。

🔊 133

❶ A：7時に予約したのに、30分以上待つなんて。ひどくない？
　　B：ホント。次は他の店にしよう。
❷ A：あした、羽田に7時集合だって。
　　B：えー。飛行機、10時発だよ。早くない？

(2)〜てもらってもいい？

「〜てほしい」と軽くお願いしたい時の表現。

Formula used to gently indicate that you want somebody to do something
"希望做〜"，委婉地提出请求时使用的表现。

🔊 134

❶ A：ねえ、あしたうちへ来る時、コンビニで何か飲み物買ってきてもらってもいい？
　　B：わかった。何かリクエスト、ある？
❷ A：あのさ、出欠の返事なんだけど、あさってまで待ってもらってもいい？
　　B：うん、いいよ。

(3) ていうか、〜

相手の言ったことを受けて、「それよりも私は〜だと思う」とコメントしたい時に使う表現。

Formula used as a reaction to something another person has said: "I don't think that is the case, isn't it rather ~?"
用于听了对方所说的事情，想要就此提出自己的意见"与其那样，我觉得是〜"时的表现。

🔊 135

❶ A：あの人たち全然動かなくてさー。やるのはいつもこっちなんだよね。
　　B：ていうか、黙ってないで、直接動けって言ったらいいんじゃないの？
❷ A：なんか、働いても働いてもお金貯まんないんだよね。
　　B：ていうか、使い過ぎなんじゃないの？

（4）なんか〜って感じ

自分の印象や気持ちをソフトに軽く伝えたい時の表現。

Formula used to give an indirect idea of your impressions and feelings
想要把自己的印象和心情委婉地告诉给对方时使用的表现。

🔊 136

❶ A: あれ？　あんま食べてないじゃん。おいしくないの？
　　 B: うーん。なんか思ってたのと違うって感じ。
❷ A: 西川さんと橋本さん、昼休みによく二人で話してるよね。
　　 B: そう言われてみれば確かに……。なんか怪しいって感じ？

1. 作業を頼む

Ask for some action to be undertaken / 委托工作

🔊)) 137（社員／アルバイト）　🔊)) 138（社員）　🔊)) 139（アルバイト）

社員	あの倉庫から椅子出して、 ここに並べてもらってもいいですか。
アルバイト	はい、わかりました。いくつずつ並べますか。
社員	横10個、縦10列でお願いします。
アルバイト	間隔はどうしますか。
社員	うーん、横は1メートル、前後は1.5メートルぐらいかな。
アルバイト	わかりました。

以下のような場面で話してみよう。
1. Aが友人の夫Bにキャンプで必要なものをそろえるよう頼む。
2. Aが部下Bにアンケートの集計とグラフの作成を頼む。

A	（ 一つ目の作業を頼む ）　て、 Ask for the first task to be done / 委托第一项工作 （ 二つ目の作業を頼む ）　てもらってもいいですか。 Ask for the second task to be done / 委托第二项工作
B	はい、わかりました。　（ わからないことを質問する ）　か。 Ask about what you do not understand / 询问不明白的事情
A	（ 答える ）　でお願いします。 Give a response / 回答
B	（ 更に質問する ）　はどうしますか。 Ask more questions / 进一步询问
A	うーん、（ 答える ）　かな。 Give a response / 回答
B	わかりました。

2. 驚いて感想を言い合う

Exchanging impressions after a surprise / 因吃惊而互相述说感想

🔊 140（友人A／友人B）　🔊 141（友人A）　🔊 142（友人B）

友人A	おいしい！
	これで1,000円なんて、コスパよくない？
友人B	だから言ったじゃん！
	いい店だって。
友人A	うん。
	これで飲み放題なんて、なんかすごく得したって感じ。
友人B	でしょ！
友人A	ていうか、こんな店知ってるBさんに驚き。
友人B	もっと言って。

以下のような場面で話してみよう。

1. Aが友人Bの畑で採れたばかりのとうもろこしの甘さに驚いて、二人で感想を言い合う。
2. Aが老舗の高級旅館の設備の古さに驚き、友人Bと感想を言い合う。

A	（ 驚く ）　！
	Show surprise / 吃惊
	（ 具体的な驚き ）　なんて、　（ 感想を言う ）　くない？
	Detail why you are surprised / 吃惊的具体内容　　Give your impressions / 谈感想
B	（ 自分の考えを言う ）　じゃん！
	State what you think / 谈自己的想法
	（ 具体的に言う ）　って。
	Say what you are thinking in detail / 具体地说
A	（ 答える ）　。
	Give a response / 回答
	（ 具体的な驚き ）　なんて、なんか　（ 感想を言う ）　って感じ。
	Detail why you are surprised / 吃惊的具体内容　　Give your impressions / 谈感想
B	（ 同意する ）　！
	Agree / 同意
A	ていうか、　（ 別の感想を言う ）　。
	Give a different opinion / 谈其他感想
B	（ 答える ）　。
	Give a response / 回答

本文会話

1. 出かけんの？ ◀ 出かけるの？ / 出かけるんですか
2. 被災地：Disaster-hit area / 受灾地区
3. 昨日の今日：Right on the heels of yesterday / 事情发生刚过了一天的今天
4. 土砂：Soil and sand / 砂土
5. 撤去作業：Removal work / 清除工作
6. どける：Remove, put away / 挪开
7. おっきな ◀ 大きな
8. ショベルカー：Excavator / 挖掘机
9. 操る：Operate / 操纵

表現

1. 怪しい：Suspicious (possibly having an affair) / 奇怪

談話練習

1. コスパ：Cost performance / 性价比
2. 得（を）する：Get a good deal / 赚（了）
3. 老舗：Establishment of long standing / 老字号

腕利きの名医にかかる

Getting treated by a good dentist / 去看医术高明的名医

シーン1

名医を紹介してもらう

Getting an introduction to a good dentist / 请对方介绍名医

タスク

シェアハウスでの4人の会話を聞いて、次のことを話し合ってみよう。　🔊143
（解答例は別冊P5）

1. チョウが由利、スティーブ、アナから教えてもらいたいことは何か。その際、それぞれに対してどのように聞いているか。
2. チョウは歯の状態や痛みについて、どのように説明しているか。

第7話

🔊 143

チョウ	ねえ、由利さん。ちょっと教えてくれない？
由利	なーに？
チョウ	歯医者さんで、<u>どっかいいとこ知らない？</u>(1)
由利	歯医者？　うーん、最近、全然行ってないからなあ……どした？　歯、痛いの？
チョウ	詰めたの取れちゃったんだ。ぽっかり穴が空いちゃってさ、そこがしみちゃって。
由利	えー、大変！　早く行か<u>ないと</u>(2)。そうだ！　スティーブに聞いてみなよ。ちょっと前に歯がどうのって言ってた<u>気がする</u>(3)。
チョウ	そう、サンキュー。

. . . .

チョウ	スティーブ、ちょっと教えて。
スティーブ	ああ、何？
チョウ	スティーブが行ってた歯医者ってどこ？
スティーブ	歯医者？　ああ、歯医者ね。行ってないよ。
チョウ	ええ?!　なんで？
スティーブ	なんか、奥歯の辺りがシクシクしてたんだけど、そのうち治っちゃったから。
チョウ	治った？　そんなの、あり得<u>なくない？</u>(4)
スティーブ	多分、ストレスとか疲れから来るものだったんだろうな。今思うと。アナに聞いたら？　彼女、医者だし、知ってるかもよ。
チョウ	うん、そうする。

. . . .

チョウ	アナさん、ちょっと教えてもらいたいんだけど……。
アナ	なあに？
チョウ	いい歯医者さん、知ってたら教えてもらえないかなと思って。
アナ	どうしたの？
チョウ	うん、おととい、浅草でイカ焼き食べてたら歯がゴリっていって(5)。詰め物が取れちゃったんだ。

右端の行番号: 5、10、15、20、25

アナ　　　　　あらー、お気の毒。早く診てもらったほうがいいね。牧田先生、いいよ。腕もいいし、気さくだし。私はいつもそこに行ってる。今、ホームページのアドレス送るね。

チョウ　　　　ありがとう！　あ……来た。本当にありがとう！　助かったよ！

コミュニケーション上のポイント

オノマトペを覚えて積極的に使おう！

チョウやスティーブが歯の痛みや様子について、「ぽっかり穴が空いちゃって」（6行目）「奥歯の辺りがシクシクして」（16行目）「歯がゴリっていって」（26行目）などと説明しています。オノマトペは自分の気持ちや感覚、イメージを相手に瞬時に伝え、共有するのに大変効果的です。オノマトペだけで自分の症状を医者にわかりやすく伝えることもできます。オノマトペは友達言葉ではなく、相手の立場に関係なく使える便利な表現方法なのです。

Learning about and actively using onomatopoeia

Chow and Steve are having a conversation about toothache and the appearance of teeth, using such phrases as "ぽっかり穴が空いちゃって (I have a gaping dental cavity)" (Line No.6), "奥歯の辺りがシクシクして (I have a niggling pain around my back teeth)" (Line No.16), and "歯がゴリっていって (I have a cracking feeling in my teeth)" (Line No.26). Onomatopoeia is a very effective way of instantly conveying and sharing feelings and sensations. You can explain symptoms to a doctor easily using onomatopoeia only. Onomatopoeia is not language used among friends, but is a convenient method of expression that can be used regardless of the status of the other person.

记住拟声词、拟态词，并积极地去使用！

「ぽっかり穴が空いちゃって」（突然裂开了个洞）（第6行）「奥歯の辺りがシクシクして」（牙的周围隐隐作痛）（第16行）「歯がゴリっていって」（牙咯嘣一响）（第26行）等，小赵和史蒂夫在说明牙疼和牙的情况。拟声词和似态词可以在瞬间就把自己的心情、感觉以及印象传达给对方，非常有利于双方的共享。只用拟声词就可以简单明了地把自己的症状告诉给医生。拟声词不是朋友之间的语言，而是一种与对方立场无关的、使用起来非常便利的表现方法。

（1）どっかいいとこ知らない？　　　→ どこかいいところを知りませんか

よい病院や店などを教えてほしい時に使う表現。

Phrase used when you want somebody to tell you about a good hospital or shop, etc.
用于希望别人能把好医院，好商店等介绍给自己时的表现。

🔊 144

❶ A：国の姪っ子におもちゃ買って帰りたいんだけど、どっかいいとこ知らない？
　 B：新橋駅の近くに、結構大きいおもちゃ屋さんがあるよ。

❷ A：来月、両親が日本へ来たら、「いかにも日本文化」っていう体験させてあげたいんだけど、どっかいいとこ知らない？
　 B：銀座で着物着て、お茶や日本舞踊が体験できるとこ、知ってるけど。
　 A：あ、それいいね！

（2）〜ないと

「〜しなければ、あとで問題や不都合なことが起きる」と言いたい時の表現。

Formula used when you wish to say that if something is not done, problems or inconvenience will result later
想要说明 "如果不做〜的话，之后就会发生问题和麻烦" 时使用的表现。

🔊 145

❶ A：車のガソリン、あんまりないね。
　 B：ホントだ。早めに入れないと。高速道路でガス欠したら怖い。

❷ A：Bさん、セミナーの申し込み、もうした？
　 B：まだ。今週中に手続きしとかないとね。

（3）〜気がする

「はっきりとは言えないが、〜のように思う」と自分の印象などを伝える時に使う表現。

Formula used to convey your impression of something when you cannot speak explicitly about it
"虽然不能断定，但我觉得是〜"，用于在向别人谈及自己的印象等时的表现。

🔊 146

❶ A：最近、朝、鏡で自分の顔見ると、顔がむくんでる気がするんだよね……。
　 B：毎晩お酒飲むの、やめたら？

❷ A：え、宝くじ、1,000枚も買ったの？!
　 B：うん、なんか当たる気がしてさー。

（4）〜なくない？

「私は〜ないと思うんだけど、どうかな？」と、自分の意見や感想などを婉曲に伝える時の表現。相手の同意を得たかったり、感想を聞きたかったりする時に使う。

Ending used to convey your opinions and impressions in a roundabout or euphemistic way: "I don't think that is the case, but what do you think?" Used to elicit the consent of somebody or learn their impressions
"我觉得没有〜，怎么样呢？"，这是婉转地把自己的意见和感想说给对方听时使用的表现。用于想征得对方的同意，或想听一下对方感想时。

🔊 147

❶ A：Bさん、知ってた？　ケンってば、駅前のバーの桜井店長と兄弟なんだって！
　　B：へえ、そうなんだ。あんま似てなくない？
　　A：うん、全然似てない。
❷ A：雨、すぐには止みそうもなくない？
　　B：そうだね。今日はテニス、無理だね。

（5）［擬声語］っていう

「［擬声語］のような音がする」と言いたい時の表現。

Ending used to indicate use of an onomatopoeic term
想要说"像（拟声词）那样的声音"时使用的表现。

🔊 148

❶ A：あいたたた。足首が……。
　　B：どうしたの？
　　A：走ろうとしたら、ゴキっていって……。捻挫したかも……。
❷ （車庫入れで）
　　A：ねえ、今、なんか変な音しなかった？
　　B：した。ガリガリっていった。どっかこすっちゃったかな……。

1. 友人にお勧めの店や先生を紹介してもらう

Asking a friend to recommend a store, entertainment venue or doctor / 请朋友给介绍值得推荐的店和医生

🔊 149（友人A／友人B）　🔊 150（友人A）　🔊 151（友人B）

友人A	居酒屋で、どっかいいとこ知らない？
友人B	居酒屋？　どして？
友人A	国から友達が来るんだ。いろんな料理が食べたいって言ってて。
友人B	そう。新宿の「鳥百番」はいいよ。
	おいしくてメニューもいっぱいあるし。
友人A	ホント?!　さすがBさん！
友人B	あとで店のURL送るよ。
友人A	ありがとう！

以下のような場面で話してみよう。
1. Aが友人Bにいい耳鼻科を尋ねる。
2. Aが友人Bにお勧めのフォトスタジオを尋ねる。

A	（店／病院など）　で、どっかいいとこ知らない？ Store / hospital, etc / 店, 医院等
B	（店／病院など）　？　どして？ Store / hospital, etc / 店, 医院等
A	（事情を話す）　んだ。　（補足する）　て。 Explain the situation / 说明事由　　Add information / 补充
B	そう。　（お勧めのところ）　はいいよ。 Recommended place / 推荐的地方
	（理由を言う）　し。 Explain the reason(s) / 谈理由
A	ホント?!　さすがBさん！
B	（連絡先を教える）　よ。 Give contact details of the place / 告知联系地址
A	ありがとう！

2. 年上の友人にお勧めの店や先生を紹介してもらう

Asking an older friend to recommended a store, entertainment venue or doctor
请年长的朋友给介绍值得推荐的店和医生

🔊 152（友人A／友人B）　🔊 153（友人A）　🔊 154（友人B）

友人A	Bさん、ちょっと教えてもらいたいんだけど。
友人B	なあに？
友人A	いい皮膚科、知ってたら教えてもらえないかなと思って。
友人B	どうしたの？
友人A	うん、吹き出物がひどいんだ。みんなに何か言われてる気がして。
友人B	そっか。四谷の渋谷先生がいいんじゃない？ 私も肌のトラブルはいつもそこに行ってる。
友人A	ホント！　Bさんも行ってるなら安心だね。

以下のような場面で話してみよう。

1. スーツケースが壊れたので、Aが年上の友人Bにいい修理店を尋ねる。
2. Aが年上の友人Bに気軽に始められる習い事を尋ねる。

A	Bさん、ちょっと教えてもらいたいんだけど。
B	なあに？
A	いい　（ 店／病院など ）　、知ってたら教えてもらえないかなと Store / hospital, etc / 店，医院等 思って。
B	どうしたの？
A	うん、（ 事情を話す ）　んだ。（ 補足する ）　て。 Explain the situation / 说明事由　　Add information / 补充
B	そっか。（ お勧めのところ ）　がいいんじゃない？ Recommended place / 推荐的地方 （ 根拠を話す ）　。 Explain the grounds for your view / 谈根据
A	ホント！　（ 感想を言う ）　ね。 Give your impressions / 谈感想

語彙リスト

本文会話

1. どした？ ◀ どうしたの？ / どうしたんですか

2. 詰める：Fill / 充填

3. ぽっかり：Gaping (hole) / 突然裂开

4. しみる：Smart, hurt / 刺疼

5. 〜がどうの：Say something about / 对〜说这说那

6. シクシクする：Have a niggling pain / 隐隐地刺痛

7. ゴリ（っ）：The sound of biting down on a hard object / 咯嘣（牙咬硬物发出的响声）

8. 詰め物：Dental filling / 充填物

9. お気の毒：Sorry to hear that / 真可怜

10. 気さくな：Friendly, nice / 直爽

表現

1. 姪っ子 ◀ 姪

2. いかにも：Just (like), really (like) / 完全、的确

3. ガス欠する：Run out of gasoline / 没油

4. むくむ：Swell, be swollen / 浮肿

5. ゴキ（っ）：Onomatopoeic term for the pain felt when you sprain or twist a joint
表示扭了关节时的疼痛的拟声词

6. 捻挫：Sprain / 扭伤

7. 車庫入れ：Parking in a garage / 把车开进车库

8. ガリガリ：Sound of scraping on a hard surface / 刮削、摩擦硬东西时发出的响声

9. こする：Rub, scrape / 蹭

談話練習

1. 吹き出物：Pimples, rash / 小脓疱

診察を受ける

A dental examination / 接受诊察

タスク

歯医者での会話を聞いて、次のことを話し合ってみよう。　　　🔊155

（解答例は別冊P5）

1. チョウは歯科医にどんなことを訴えているか。その際、どのような
   言い方をしているか。
2. 歯科医はチョウの歯の状態と治療について、どんな説明をしたか。

🔊 155

チョウ	お願いします。
牧田先生	どうぞこちらに座ってください。アナさんから連絡もらいましたよ。友達が行くからよろしくって(1)。
チョウ	すぐ診てくださってありがとうございます。昨日からズキズキしちゃって……。熱持っちゃって。
牧田先生	うん、腫れてるね。はい、口を大きく開けてー、……あー、これね……ちょっとしみますよー。
チョウ	あぁ……。
牧田先生	ごめんなさいねー、しみますねー……あー、細菌が入っちゃってるんだな……。まず、レントゲン撮りましょう。
チョウ	はい……。

5

10

牧田先生	（レントゲンを見ながら）ここのね、黒くなってるとこ、虫歯が進行して奥まで行っちゃって、膿んじゃってるんですね。
チョウ	そうですか。詰め物が取れてすぐ来てたら、こんなことにならなかった(2)のかな……。2週間もほっといたから……。
牧田先生	いや、多分、最初から虫歯だったんだと思う(3)よ。それで詰め物が取れたんでしょう。まず中を全部きれいに取って掃除して。細菌を殺す薬を入れます。
チョウ	痛いですか。
牧田先生	いや、麻酔するから大丈夫。じゃあ、麻酔しますよー、ちょっとチクっとします(4)よー。
チョウ	はい、お願いします……。

15

20

チョウ	アナさん、今日、牧田先生のとこ、行ってきた。
アナ	どうだった？
チョウ	うん、牧田先生、いい先生だね。全然痛くなかったよ。しばらく治療に通わなきゃいけないって言われちゃったけど。
アナ	そりゃあ、1回じゃ終わんないでしょ、普通(5)。
チョウ	そうだけどさ、費用もバカにならないみたいだし。頭が痛いよ。アナさんは、虫歯放置して悪化させたってことある？(6)
アナ	ううん、ないよ。ていうか、私、虫歯1本もないし。
チョウ	えーっ、それはすごい!! じゃあ、なんで牧田先生のとこ行ってんの？
アナ	歯のクリーニングとかチェックに。予防は大切だから。
チョウ	そうだね。気を付けるよ。

5

10

コミュニケーション上のポイント

紹介してくれた人へのマナー

チョウはアナに紹介してもらった歯医者に行ったあと、アナに報告をしています。チョウとアナは共通の知人となった牧田先生の話や歯の話題で盛り上がります。紹介してくれた人に後日報告するというマナーは、就職やビジネスの場面においてのみ大切だというわけではありません。良好な人間関係を続けていく上で、日常生活の小さな場面でも心がけたほうがよいでしょう。

Politely responding to those who have arranged introductions for you

After visiting the dentist referred to him by Anna, Chow tells Anna how it went. They have a lively conversation about Dr Makita, now their shared acquaintance, and their dental problems. The courtesy of briefing the person who arranged the introduction in following days is not only important in the world of job-hunting and business. For maintenance of good human relations, it is wise to do it in small everyday interactions too.

对介绍人应有的礼仪

小赵去看了安娜给介绍的牙科医生后，在向安娜做汇报。小赵和安娜热烈地聊着已成为他们共同朋友的牧田先生和牙的话题。事后要向介绍人汇报的礼仪很重要，这并不是只限于在就职和商务场面。为了维系良好的人际关系，即使是在日常生活的细小场面也要留意去做才好。

（1）よろしくって

他の人が「よろしくお願いします」、「よろしくお伝えください」などと言っていたことを聞き手に軽く伝えたい時の表現。

Formula used to discreetly tell somebody that somebody else has said, "よろしくお願いします" or "よろしくお伝えください" or a similar phrase.
用于想要把别人代转的问候「よろしくお願いします」、「よろしくお伝えください」等非正式地转达给听者时的表现。

🔊 156

❶ A: さっき、X社の山本さんが急に訪ねてきてさ。Bさんにもよろしくって。
　 B: えっ、そうなの？　残念。会いたかったなー。

❷ A: 今日、奥さん来られないんですか。
　 B: うん、子供の学校の行事でね。みんなによろしくって。
　 A: そうですか。いらっしゃれなくて、残念です。

（2）〜たら、こんな／そんなことにならなかった

「もし〜すれば、悪い状況にならなかった」と悔やむ気持ち、残念な気持ちを表したい時の表現。

Formula used to express feelings of regret or sadness that a bad situation arose because a certain choice was made: "If I hadn't done X, Y would not have happened."
"如果做〜的话，就不会变得这么糟糕了"，想要表示后悔、遗憾的心情时使用的表现。

🔊 157

❶ A: Bさん、先月の昇進試験、ダメだったって本当？
　 B: うん……。試験の前の日、飲みに行っちゃったんだよね……。で、当日二日酔いでさー。
　 A: あーあ。飲みに行ってなかったら、そんなことにならなかったのに……。

❷ A: 大野さんの奥さん、うち出てっちゃったみたいだよ。
　 B: あー、なんかわかる気がする。大野さん、毎晩遅くまで飲み歩いてたもんね……。
　 A: 大野さん、すっごく落ち込んでるよ。奥さん大切にしてたら、こんなことにならなかっただろうね。

（3）多分、〜たんだと思う

あることについての原因の分析をソフトに言いたい時の表現。

Formula used for restrained analysis of the cause of something ／ 想比较温和地说明对某件事起因的分析时使用的表现。

🔊 158

❶ A: Bさん、お腹痛いの、治った？
　 B: うん、何とか……。多分、ゆうべ食べた牡蠣があたったんだと思う。

❷ A：Bさん、今年も野菜たくさん採れた？

B：いや、今年はイマイチだったなー。多分、今年は猛暑で育たなかったんだと思うよ。

（4）[擬態語]っとする

体や心の状態を一言、イメージで伝えたい時の表現。

Formula used to describe your mental and physical state with words that conjure up images
想要用一句话来形象地说明身体和心态的状态时使用的表现。

（例）　チクっ：細いもので刺すような痛み

　　　　　　The pain of being pricked by something fine and sharp / 刺痛：像被细小的东西蛰了一下的疼痛

　　　　ズキっ：深く強く押すような痛み

　　　　　　The pain of deep, strong pressure / 抽痛：像被深深地、狠狠地刺了一下的疼痛

　　　　ドキっ：心臓が激しく動くような感じ

　　　　　　Used for the feeling of a thumping heartbeat / 咯噔：像心脏剧烈跳动那样的感觉

🔊 159

❶ 医者：頭痛がするって、どのような痛みですか。

患者：長時間パソコンを使ってると、時々、こめかみがズキっとするんです。

❷ （バレンタインデーの日に）

A：Bさん、ミキさんからチョコレートもらった？

B：うん。もらった瞬間、ドキっとしたけど……。はっきり「義理チョコだ」って言われたよ。

（5）～でしょ、普通

「誰が考えても～は当然のことだ」と軽く言いたい時の表現。

Used to gently indicate that you think that a response is reasonable, even if it runs counter to somebody's opinion
用于想要不很在意地表达，"这无论谁来想～都是理所当然的"之意时的表现。

🔊 160

❶ A：彼女に転職したいって言ったら、反対されてさ……。

B：そりゃ、そうでしょ、これから式を挙げるぞって時に転職なんてしたら、心配するでしょ、普通。

❷ A：彼に貯金の額聞いたら、引かれちゃって……。

B：えー、恋人でも聞かないでしょ、普通。

（6）〜たってことある？

「（特別な経験）をしたということがある？」と相手に聞く時のカジュアルな表現。

A casual way of asking somebody if they have had a particular experience
用于随意打听一下对方 "你有过（什么特别的体验）吗?" 时的表现。

🔊161

❶ A： Bさんは、街でテレビのインタビューされたってことある？
　 B： 一度だけあるよ。突然で緊張したよー。でも結局放送されなかったんだけどね。
❷ A： 知り合いが亡くなって、お葬式に行くんだけど……。Bさんは、日本のお葬式に参列したってことある？
　 B： うん。結構マナーとかが複雑なんだよ。失礼があったらいけないから、ちゃんと調べてから行ったほうがいいよ。

1. 痛みの症状を医者に話す

Describing a painful condition to a doctor / 向医生述说疼痛的症状

🔊 162 (医者／患者)　🔊 163 (医者)　🔊 164 (患者)

医者	どうしました？
患者	昨日からお腹が痛くて。
	多分、冷たいものを食べ過ぎたんだと思います。
医者	どんな痛みですか。
患者	昨日はシクシクしてたんですけど、今はキリキリしています。
医者	どの辺りですか。……ここ？
患者	痛っ!!　そこです……。

以下のような場面で話してみよう。
1. 医者Aに患者Bが腰の痛みについて話す。
2. 医者Aに患者Bが手のしびれについて話す。

A	どうしました？
B	（いつ）　から　（お腹／頭／腰／足／手／肩など）　が痛くて。
	When / 什么时候　Stomach / head / lower back / legs / hands / shoulders, etc.
	肚子，头，腰，脚，手，肩等
	多分、　（理由を言う）　たんだと思います。
	Explain the reason(s) / 谈理由
A	どんな痛みですか。
B	（痛みを具体的に説明する）　。
	Describe in detail what kind of pain you have / 具体地说明疼痛感
A	どの辺りですか。……ここ？
B	痛っ!!　そこです……。

2. 勧めてくれた友人に報告する

Getting back to somebody who recommended something for you / 向给自己推荐的朋友汇报

🔊 165（友人A／友人B）　🔊 166（友人A）　🔊 167（友人B）

友人A	Bさん、ゆうべお勧めの居酒屋、行ってきた。
友人B	どうだった？
友人A	めっちゃ、おいしかったよ。友達もすごい喜んでた。
友人B	そう、よかった！ 店一押しの焼き鳥、出してもらった？
友人A	うん、食べた食べた!!　ヤバかったよ。
友人B	でしょ！

以下のような場面で話してみよう。

1. Aが、友人Bの勧めてくれたフォトスタジオへ行ったことを報告する。
2. Aが、友人Bの勧めてくれたスーツケースの修理店へ行ったことを報告する。

A	Bさん、（ 勧めてくれた場所 ）、行ってきた。 The place recommended by (B) / 推荐给自己的地方
B	どうだった？
A	（ 感想を言う ） よ。 （ 補足する ） 。 Give your impressions / 谈感想　　Add information / 补充
B	そう、よかった！ （ 店のサービスについて具体的に感想を聞く ） ？ Ask A for detailed impressions of the shop's service / 打听关于商店服务的具体感想
A	うん、（ 答える ） よ。 Give a response / 回答
B	（ 答える ） ！ Give a response / 回答

第7話

シーン2

談話練習

本文会話

1. ズキズキする：Have a throbbing (pain) / 一阵阵地抽痛
2. 腫れる：Swell, be swollen / 肿
3. 細菌：Bacteria / 细菌
4. レントゲン：X-ray / X光
5. 膿む：Get infected / 化脓
6. 麻酔する：Anesthetize / 麻醉
7. 終わんない ◂ 終わらない
8. バカにならない：Not to be underestimated / 不可小看

表現

1. 昇進：Promotion / 晋级
2. あたる：Get poisoned, be hit / 中（毒）
3. イマイチ：Not be up to scratch, leave something to be desired / 差一点儿
4. 猛暑：Extreme heat, heat wave / 酷暑
5. こめかみ：Temple (side of head) / 太阳穴
6. 義理チョコ：Chocolate given by women to men on Valentine's Day as a token of appreciation
   情人节时，女性只是为了向男性表示感谢而赠送的巧克力
7. 引かれる：Be turned off (by someone) / 让人扫兴

談話練習

1. キリキリする：Have a sharp pain / 绞痛
2. 一押しの〜：Best, most recommended / 第一推举的
3. ヤバい：Awesome, great / 太棒了

富士山にツーリング

Motorbike touring en route to Mt Fuji / 骑摩托车游览富士山

シーン1

新しい仲間と出会う

Meeting new friends / 结识新的伙伴

タスク

スティーブと夫婦の会話を聞いて、次のことを話し合ってみよう。 🔊168
（解答例は別冊P5）

1. スティーブと夫婦が知り合ったきっかけは何か。
2. スティーブは夫婦と一緒にどこへ何をしに行くか。

🔊 168

妻	すみませーん。写真、撮ってもらってもいいですか。	
スティーブ	ええ、いいですよ。……はい、撮りまーす。イチ、ニ、サン！	
妻	ありがとうございます！	
スティーブ	ご夫婦で走ってるんですか。	
夫	うん。そっちは一人？	5
スティーブ	ええ。職場でもプライベートでも、バイク乗ってる知り合いがいなくて……ツーリング仲間見つけるのって、難しいですよね(1)。	
妻	そんなことないって！　結構、多いよ。ツーリング中に友達になることだってあるし。ほら、もううちらだって、仲間でしょ？	
スティーブ	はは……そうですね。	10
夫	俺ら、これから飯食いに行くんだけど、よかったら、一緒にどう？	
スティーブ	いいんですか(2)。	
夫	うん。ガイドブックに載ってないうまい蕎麦屋がこの先にあるんだ。	
スティーブ	蕎麦！　いいですね！	
夫	じゃあ、後ろからついてきてよ(3)。	15
スティーブ	はい。	
夫	念のため、俺の電話番号と店の住所送るから。	
スティーブ	ありがとうございます。……あ、来ました。	
夫	見失ったら、電話するってことで(4)。	
スティーブ	了解です(5)！	20

コミュニケーション上のポイント

初対面の人と話す時 ～相手が「いい」と言っても気遣いを！～

スティーブがツーリングで知り合ったばかりの夫婦から食事に誘われて「いいんですか。」(12行目)と聞いています。日本ではマナーとして、相手から過分な贈り物を「どうぞ」と言われた時にも、受け取る前に「いいんですか」などの遠慮を表す言葉がよく使われます。同様に初対面の人からその人のグループに招かれた時には、一度遠慮してみせる気遣いが大切です。

Holding back a little when too much niceness is shown by someone you are meeting for the first time

Steve is invited to a meal by a couple he met on a motorcycle tour, and responds "いいんですか (Is that alright?)" (Line No.12). Even when told that you are welcome to a gift that is disproportionately generous, before taking it, people in Japan often hold back with phrases like, "いいんですか" In the same way, with somebody you meet for the first time in a group, it is important to initially show discretion.

和初次见面的人交谈时，对方即使说了"可以"也要注意客气一下！

在观光旅行中刚刚认识的夫妇邀请史蒂夫一起去吃饭，史蒂夫客气地问道「いいんですか。」(可以吗?)（第12行）。在日本，作为一个礼仪，当对方赠送过重的礼物给自己，说"请收下"的时候，在接受之前也经常会说「いいんですか」(可以吗?)等表示客套的话。同样，应初次见面的人邀请加入对方的朋友圈子时，先婉拒一次表示客气是非常重要的。

（1）〜のって、…よね

自分の意見について、「あなたもそう思うでしょ？」と相手に共感を求めたい時に使う表現。

Formula used when you are soliciting agreement from another person: "Don't you think so, too?"
"你也这样想是吧?"，用于想要就自己的意见，寻求对方的同感时的表现。

🔊 169

❶ A: 人に注意するのって、神経使いますよね。
　　B: そうそう。注意するほうも気分悪いよね。
❷ A: ペットを人に預けるのって、心配だよね……。
　　B: そうだね。うちはどうしてもっていう時は、親に預けてるよ。

（2）いいんですか

相手に何かを勧められたり、誘われたりした時に、それを受け入れていいのか、遠慮しながら確認する時の表現。

A way of accepting recommendations or invitations from another person, while checking that it is OK
受到对方劝说或邀请，先客气一番来确认是不是可以接受时使用的表现。

🔊 170

❶ A: 今日はごちそうするよ。
　　B: いいんですか……。
　　A: もちろん。お祝いだからね。
　　B: ありがとうございます。
❷ A: 今までお世話になりました。これ、ほんの気持ちなんですが……。
　　B: えっ、いいんですか。
　　A: どうぞ。
　　B: どうもありがとう。

（3）〜てよ

相手に対し、強く勧めたり、依頼したい時の表現。語気が強いと不満を述べているような印象になるので注意する。

Ending used to strongly urge somebody or make a request; you should note that, if your tone is too strong, it can create the impression of dissatisfaction or complaint
向对方强烈地推荐、委托时使用的表现。要注意的是，如果语气激烈就会给人以在诉说不满的印象。

❶ A：ほら、肉焼けてる。どんどん食べてよ。

　 B：うん、わかった。

❷ A：結局何が言いたいの。結論から言ってよ。

　 B：そう言われても……。自分でもよくわからないんだよ……。

（4）〜ってことで

「〜ということにしよう」と話の終わりに相手と確認し合う時の表現。「じゃあ、〜ってことで」、「じゃあ、そういうことで」は話を切り上げる時によく使う。

This is a formula used to confirm that your conversation partner is satisfied with an arrangement (" 〜ということにしよう") that you have been discussing. To round off the exchange, the expressions "じゃあ、〜ってことで" and "じゃあ、そういうことで" may be used, meaning, "Well, that's it, then."

"就〜这样定了吧?"，这是在交谈结束时和对方互相确认的表现。「じゃあ、〜ってことで」、「じゃあ、そういうことで」在谈话结束时经常使用。

🔊 172

❶ A：じゃあ、あした。

　 B：うん、8時に四ツ谷駅の改札ってことで。

　 A：オッケー！

❷ A：じゃあ、今後については、みんなと相談の上で決めるってことで。

　 B：そうだね。

（5）了解です

相手の指示や依頼を「わかった」と受け入れる時に使う表現。「承知しました」、「わかりました」よりやや軽い表現なので、目上の人に使う際は注意が必要。

This is used to indicate understanding and acceptance of instructions or requests from somebody. You need to be a little careful when using 了解です with superiors, because it is a slightly more casual expression than 承知しました or わかりました.

等同于 "知道了"，是接受对方的指示和委托时使用的表现。是比「承知しました」、「わかりました」更为随意的表现，所以用于对长辈、上司、年长者时一定要注意。

🔊 173

❶ A：じゃあ、連絡係はBさん、お願い。

　 B：了解です。

❷ A：作業でわからないことがあったら、こっちに連絡して。

　 B：了解です。

1. 新しい仲間を誘う

Extending an invitation to new friends / 邀请新伙伴

🔊 174（先輩／後輩）　🔊 175（先輩）　🔊 176（後輩）

先輩	Bさん、うちらこれからご飯行くんだけど、一緒にどう？
後輩	いいんですか。
先輩	もちろん！　今日は授業、早く終わったし、 こんな機会めったにないからぜひ。
後輩	はい。行きます！
先輩	よかった！

以下のような場面で話してみよう。
1. 先輩Aが後輩Bを梨狩りに誘う。
2. 先輩Aが後輩Bをロックフェスに誘う。

A	Bさん、うちら　（ 予定を話す ）　んだけど、一緒にどう？ Talk about your plans / 谈预定
B	いいんですか。
A	もちろん！　（ 理由を言う ）　し、 Explain the reason(s) / 谈理由 （ 補足する ）　からぜひ。 Add information / 补充
B	はい。行きます！
A	よかった！

2. 相手の話を聞いて新しい情報を伝える

Listening to somebody and offering new information / 听对方讲述后、告知新的信息

🔊 177（後輩／先輩）　🔊 178（後輩）　🔊 179（先輩）

後輩	夜の学校で友達作るのって難しいですよね。
先輩	まあ、みんな仕事で忙しいからね。
	でも結構SNSとかでつながったりしてるよ。
後輩	そうなんですか。
先輩	うん。飲み会の情報なんかも共有してるよ。
後輩	そうなんですか。じゃあ、Bさんのアカウント、教えてください。

以下のような場面で話してみよう。
1. 上司とのジェネレーションギャップについて、後輩Aの話を聞いて、先輩Bが情報を伝える。
2. 恋人のスマホを見てもいいかについて、後輩Aの話を聞いて、先輩Bが情報を伝える。

A　（ 話題 ） のって （ 話題について感想を言う ） よね。
　　Topic / 话题　　　　　　　　Give impressions about the topic / 谈关于话题的感想

B　（ 同意する ） 。
　　Agree / 同意

　　でも （ 新しい情報を伝える ） よ。
　　　　　Pass on new information / 告知新的信息

A　そうなんですか。

B　うん。 （ 補足する ） 。
　　　　　Add information / 补充

A　（ 答える ） 。
　　Give a response / 回答

本文会話

1. ツーリング仲間（なかま）：Motorbike-touring companion / 摩托车游伴
2. うちら ◀ 私（わたし）たち
3. ついてくる：Follow / 跟着
4. 見失（みうしな）う：Lose sight of, lose / 跟丢了

表現

1. 神経（しんけい）（を）使（つか）う：Be nerve-wracking / 费神
2. 気分（きぶん）（が）悪（わる）い：Feel uncomfortable / 不舒服
3. ほんの気持（きも）ち：Token of appreciation / 一点心意
4. どんどん：More and more / 连续不断
5. 結論（けつろん）：Conclusion / 结论

仲間とご飯

Dining with friends / 和伙伴一起吃饭

タスク

スティーブと夫婦の会話を聞いて、次のことを話し合ってみよう。 🔊 180

（解答例は別冊P6）

1. 夫はスティーブを何に誘っているか。
2. スティーブへの気遣いが感じられる夫婦の発言はそれぞれ何か。

🔊180

（蕎麦屋で）

スティーブ	うわー！　このざる蕎麦、おいしいですね。ついてきてよかったです₍₁₎！
妻	でしょう？　新規開拓したいって思ってネットでいろいろ探すんだけど、なんだかんだ言って、₍₂₎またここに来ちゃうんだよね。
スティーブ	わかります！　僕も新しいラーメン屋行きたいなって思っても、結局いつも同じ店に落ち着いちゃうんですよね。ここは、ざる蕎麦以外もおいしそうですね。
妻	うん、めっちゃおいしいよ。
夫	ところでさ、知り合ったばかりでなんだけど₍₃₎、来月の12日って空いてない？　他の仲間と秩父のほうに行くんだけど。
スティーブ	秩父ですか。いいですね！　行ったことないんですよ。
妻	12って、連休ど真ん中じゃん。彼女さんと予定あるんじゃないの？
スティーブ	いや、今んとこは……。お互い、仕事忙しいんで。休みの間際になんないと、予定立てられないんです。
妻	じゃ、なおさらうちらと約束するわけにはいかないでしょ₍₄₎。彼女さんのために空けといてあげなよ。
スティーブ	ですよね₍₅₎……。
夫	じゃあ、もし彼女さんが仕事休めなかったら、連絡してよ。こっちは直前でもかまわないから。
スティーブ	ありがとうございます。じゃ、そうさせてもらいます。

コミュニケーション上のポイント

「わかります」と「わかりました」の違い

蕎麦屋で妻が「いろいろ探すんだけど、……またここに来ちゃう」（ぐらいこの店が好きだ）（4～5行目）と言った時、スティーブは「わかります！」（6行目）と言っています。これは、「あなたのその気持ちは私にもわかる」という意味で、相手への共感を表します。これに対し、「わかりました」は「私はあなたの言葉をたった今、理解しました」という意味で、相手の考えを受け入れたことを表します。相手に共感しているかどうかは関係ありません。似ていますが意味は全く違うので注意しましょう。

The difference between わかります and わかりました

At the soba restaurant, Steve says "わかります!" (Line No.6) when the wife of the couple says "いろいろ探すんだけど、... またここに来ちゃう (I've been trying various places, but I always end up coming here)" (as she likes it so much) (Line No.4, 5). This わかります means "I share your feelings," and is an expression of empathy. By contrast, わかりました means "I understand the words you just spoke, and have taken on board your thoughts." Whether or not you empathize does not enter into it. Be careful with these two words, which are similar, but have different meanings.

「わかります」和「わかりました」的不同

在荞麦面店里，妻子说：「いろいろ探すんだけど、……またここに来ちゃう」（找了各色各样的店，结果还是来了这家）（这么喜欢这家店）（第4～5行）。这时史蒂夫说道：「わかります！」（第6行），这是表示与对方的同感，意思是"我也理解你的这种心情"。对此，「わかりました」则是表示接受了对方的想法，意思是"你的话我现在理解了"，这和是否与对方有同感无关。要注意的是，尽管相似，但意思却完全不同。

（1）〜てよかった

「〜したことがよい結果となって、うれしい、または安心した」と言いたい時の表現。

Formula used to indicate gladness or relief that something that you did had a good outcome
想要说 "做过的〜，现在有了好结果，感到高兴、放心" 时使用的表现。

🔊)) 181

❶ A：合格おめでとう！

B：ありがとうございます。何度も心が折れそうになったけど、あきらめなくてよかった！

❷ A：外、大雨だよ。

B：ホント?!　朝、天気よかったのに……。傘持ってきといてよかったー！

（2）なんだかんだ言って、〜

「いろいろ言うけど、結局は〜だ」と言いたい時の表現。

Formula used to mean, "Whatever people may say, the fact remains that ~"
想要说 "这个那个地说了很多，结果还是〜" 时使用的表现。

🔊)) 182

❶ A：女性の活躍とか言ってるけどさ、うちの会社の女性管理職なんてほとんどいないよね。

B：まあ、なんだかんだ言って、まだまだ大企業は男性中心だからさ。

❷ A：親が結婚しろってうるさくてさー。

B：なんだかんだ言って、心配なんだよ。

（3）なんだけど

「あなたには失礼かもしれないけど」と言いたい時に使う前置きの表現。

Formula used before saying something the listener may take as rudeness or an imposition
想要说 "对你来说也许有些失礼，但〜" 时使用的开场白。

🔊)) 183

❶ A：後輩の私が言うのもなんですけど、それはちょっとまずいんじゃないですか。

B：やっぱそう思う？

❷ A：あれ、ティッシュがない。なんで?!

B：使いかけでなんだけど、これあげる。

A：助かる！　ありがとう！

（4）～わけにはいかないでしょ

「社会的常識から考えて～することはできない」と言いたい時の表現。「～ないわけにはいかない」は、「～しなければならない」という意味。

Formula used when you want to express the idea that you cannot do something because it is not socially acceptable; "～ないわけにはいかない" has the same meaning as "you have to ～"

想要说 "从社会常识来考虑不能做～" 时使用的表现。「～ないわけにはいかない」是 "必须～" 的意思。

🔊 184

❶ A: 結婚式、延期するんだって？
　B: 父が入院しちゃって。さすがにやるわけにはいかないでしょ。
❷ A: あれ？　今日は早く帰るって言ってなかったっけ？
　B: それがさ、急にクライアントとの打ち合わせが入っちゃって。出ないわけにはいかないでしょ。

（5）ですよね

相手の言っていることに「そうですよね」と同意する時の表現。「そうですよね」よりカジュアルな表現。

Formula used when agreeing with what somebody is saying: "Indeed, that is right"; a more casual way of saying, "そうですよね"

"是这样呢"，就对方所说内容表示赞同时使用的表现。是比「そうですよね」更为随意的表现。

🔊 185

❶ A: 課長、もうちょっと仕事のやり方考えてくんないかねー。
　B: ですよね……。
❷ （店で）
　A: 焼き鳥はやっぱ地鶏じゃないとな。
　B: ですよね！

第8話

シーン2 表現

1. 連れてきてもらった感想を言う

Giving your impressions as an invitee / 谈带自己来之后的感想

🔊186（後輩／先輩）　🔊187（後輩）　🔊188（先輩）

後輩	温泉、気持ちいいですね。恥ずかしかったけど、来てよかったです！
先輩	でしょう？ 日本に温泉はいっぱいあるけど、 なんだかんだ言ってやっぱりここが一番なんだよね。
後輩	ホントですか！　初めてで最高の温泉なんて私はラッキーですね。
先輩	うん、自分で言うのもなんだけど、ここ知ってる人、あんまりいないからさ。
後輩	そうですか。ありがとうございます。

以下のような場面で話してみよう。
1. 後輩Aが先輩Bに梨狩りに来た感想を言う。
2. 後輩Aが先輩Bにロックフェスに来た感想を言う。

A	（ 感想を言う ）　ね。　　（ 感想を言う ）　てよかったです！ Give your impressions / 谈感想　　Give your impressions / 谈感想
B	でしょう？ （ 他の選択肢もあると言う ）　けど、 Say that there are also other options / 告知也有其他选择 なんだかんだ言って　（ 結論を言う ）　ね。 State your conclusion / 谈结论
A	（ 答える ）　！　　（ 感想を言う ）　ね。 Give a response / 回答　　Give your impressions / 谈感想
B	うん、（ 謙虚に言う ）　けど、（ 自慢する ）　。 Speak modestly / 谦虚地说　　Speak boastfully / 向别人吹嘘自己知道的事情
A	そうですか。ありがとうございます。

2. 仲間を遊びに誘う

Inviting friends out / 约伙伴去玩儿

🔊 189（同僚A／同僚B） 　🔊 190（同僚A） 　🔊 191（同僚B）

同僚A	今週末、海行かない？
同僚B	いいね！　金曜日も休めば、4連休になるよ。 木曜日、祝日だし。
同僚A	プロジェクトの真っ最中だから、そんなに休むわけにはいかない でしょ。
同僚B	だよね……。何言われるかわかんないよね。 じゃあ、来月の3連休にしない？
同僚A	それはまた考えるとして、とりあえず、今週の土日に行こうよ。天 気よさそうだし。
同僚B	わかった。そうしよう。

以下のような場面で話してみよう。

1. AがBをリニューアルした水族館に誘う。
2. AがBをバスツアーで行く陶器市に誘う。

A	（ 遊びに誘う ） ない？ Invite somebody out / 约去玩儿
B	（ 同意する ）！　（ 提案する ） よ。 Agree / 同意　　　　　　Make a suggestion / 提出建议 （ 理由を言う ） し。 Explain the reason(s) / 谈理由
A	（ 理由を言う ） から、（ 反対する ） わけにはいかないでしょ。 Explain the reason(s) / 谈理由　　Express disagreement / 反对
B	だよね……。　（ 感想を言う ） ね。 　　　　　　　Give your impressions / 谈感想 じゃあ、（ 代案を出す ） ない？ 　　　　Suggest an alternative idea / 提出替代议案
A	（ 最初の案を押す ） うよ。　　（ 理由を言う ） し。 Speak up for the first idea / 坚持最初的议案　Explain the reason(s) / 谈理由
B	わかった。そうしよう。

本文会話

1. 新規開拓する：Explore new places / 开辟新的〜
2. 落ち着く：Always end up at / 结果还是〜
3. ど真ん中：Right in the middle / 正中间
4. 間際：Just before / 快要〜之前

表現

1. 心が折れる：Break one's spirit / 断念
2. 管理職：Manager / 管理职位
3. 使いかけ：Be partially used (pack) / 已经用了一部分
4. 考えてくんない ◀ 考えてくれない
5. 地鶏：Locally produced chicken / 土鸡 (肉)、草鸡 (肉)

談話練習

1. 真っ最中：In the middle of / 正当中
2. 陶器市：Pottery market / 陶器市场

久しぶりのデート

Back on the dating circuit / 久违的约会

シーン1

映画館で話題作を観る

Going to the movie of the moment / 在电影院看热门大片

タスク

映画館での会話を聞いて、次のことを話し合ってみよう。 🔊 192

（解答例は別冊P6）

1. チョウは他の客に何と言われたか。

2. 映画のあと、チョウは何を思い出したか。その際、何と言っている

か。

🔊 192

（席で）

他の客	あのー、すみません。席、違ってると思うんですけど……(1)。
チョウ	え?! ここKの25じゃ……。
他の客	この列、Jだから、一つ後ろの席じゃないですか(2)。
チョウ	あっ、すみません！　すぐどきます。

5

・・・

（映画が終わって）

マニー	あー面白かったね！
チョウ	そうだねー。あ、コート着ちゃえば?(3)　外寒いし。かばん、持ってるよ。
マニー	ありがとう。
チョウ	あ！　そうだ！　ここ、このシネコン限定のグッズ売ってたんだ(4)！

10

マニーちゃん、悪いけど、ちょっと売店に寄ってってもいい？

マニー	うん。いいよ。私もその限定グッズ、ほしいな。
チョウ	じゃ、行こう！　売り切れちゃうといけないから、急ごう！
マニー	そんな、走らないでよ……。私、走るの苦手なんだから(5)……。チョウ

君、先に行っていいよ。

15

チョウ	そう？　いいの？
マニー	うん。でも、売り切れちゃうかもしれないから、ついでに私の分も買っ

といてくんない？

チョウ	オッケー！　じゃ、先行くね！

コミュニケーション上のポイント

相手のミスを指摘する時は直接的な表現を避けよう！

客がチョウに「あのー、すみません。席、違ってると思うんですけど……。」（2行目）「一つ後ろの席じゃないですか。」（4行目）などといった表現で、ミスを指摘しています。相手のミスについて「席、間違えてますよ」「一つ後ろの席ですよ」と直接的な言葉で指摘すれば、相手は嫌な気持ちがします。ミスを指摘する場合は、相手のプライドを傷つけないように、「間違える」よりソフトな「違う」を選び、「違ってるようなんですけど……」などの婉曲表現を使って伝えましょう。

Try to avoid terms that directly point out mistakes made by somebody else.

A member of the audience points out Chow's mistake by telling him, "あのー、すみません。席、違ってると思うんですけど ... (Er, excuse me. I think you're in the wrong seat)" (Line No.2) and "一つ後ろの席じゃないですか (Aren't you one seat behind?)" (Line No.4). In this situation, if you use direct words such as, "席、間違えてますよ (You are in the wrong seat)" or "一つ後ろの席ですよ (Your seat is behind)," you arouse negative feelings in the other person. When pointing out an error, it is advisable to opt for polite "違う" rather than the blunter "間違える," and to use the roundabout ending "違ってるようなんですけど ... "

指出对方的错误时，要避免使用直接的表现！

客人用「あのー、すみません。席、違ってると思うんですけど……。」（喂，对不起，你好像做错了位子……）（第2行）、「一つ後ろの席じゃないですか。」（你的位子是后边那个吧？）（第4行）这样的表现指出小赵的错误。就对方错误，如果用「席、間違えてますよ」（你做错了位子）「一つ後ろの席ですよ」（你的位子是后边那个）这样直截的说法，会让对方感到不快。指出别人的错误时，注意不要伤害对方的自尊心，较之「間違える」，选择比较温和的「違う」，用「違ってるようなんですけど……」等委婉的表现告诉给对方更好。

（1）〜と思うんですけど……

自分は「〜だ」と確信しているが、そのことを相手にソフトに主張したい時の表現。

Formula used as a roundabout way of correcting somebody who you are sure is mistaken about something
虽然确信自己〜，但想要比较委婉地告诉对方自己这一主张时使用的表现。

🔊 193

❶ A: お待たせしました。カレーセットです。

　B: えっと、私が頼んだの、パスタセットだと思うんですけど……。

　A: 失礼いたしました。

❷ A: 先輩、これ、フロリダのオレンジじゃなくて、日本のみかんだと思うんですけど……。

　B: そう？　私にはどっちもおんなじ味に感じるけど。

（2）〜じゃないですか

「それって〜じゃないですか」のように、相手がわかっていないことや、相手の思い違いを指摘する時に使う表現。

Formula used when pointing out that somebody does not understand or has got the wrong end of the stick, as in: "それって〜じゃないですか"
「それって〜じゃないですか」像这样，用于指出对方还不理解的，或对方误解的事情时的表现。

🔊 194

❶ A: あれ？　何これ？　紙が出てこないよー！

　B: それって、そこの赤いボタン押せば出てくるんじゃないですか。

❷ A: この表、左右が合ってない。なんでだろ？

　B: それって、1行ずつずれてるんじゃないですか。

　A: あ、ホントだ。

（3）〜ちゃえば？　　　　　　　　　　　　　→〜てしまえば？

「〜したらどう？」と相手に行動するよう促す時の表現。

Ending used when you are encouraging somebody to take a certain course of action: "Why don't you ~?"
"做〜吧，怎么样？" 这是催促对方行动时使用的表现。

🔊 195

❶ A: この鍋、便利そう。ほしいなあ。

　B: 買っちゃえば？　来月ボーナス出るでしょ？

❷ A: 最後の1個、どうする？

　B: Aさん、もらっちゃえば？　大好物なんでしょ？

（4）あ！　そうだ！　～んだ

何かを急に思いついたり、思い出したりした時の表現。

Formula used when a thought suddenly occurs to you, or you remember something
这是突然想到什么，或想起来了什么时使用的表现。

🔊 196

❶（帰宅の途中）

A：あー腹減った。うちに何かある？

B：あるかなあ……？　あ！　そうだ！　冷蔵庫にカレーがあったんだ。それ食べよう！

❷ A：Bさん、山田さんが呼んでるよ。早く来いって。

B：あ！　そうだ！　3時から役員会の準備があったんだ！

（5）そんな、～ないでよ。…から

相手の行動に対し、「…から、びっくりするような（程度の高い）ことはしないでください」と言いたい時のカジュアルな表現。

Casual formula for when you wish to tell somebody not to do something surprising, while giving the reason
就对方的行动，想要说 "因为～，别做这样太让我吃惊（太吓着我）的事情" 之时使用的随意表现。

🔊 197

❶ A：一緒に住まない？

B：そんな、突然言わないでよ。こっちにも心の準備ってもんがあるんだから。

❷（ゲームしながら）

A：いけいけっ！　あー、もう！

B：ちょっと、そんな、カッカしないでよ。こっちまで焦ってくるから。

1. 相手のミスを指摘する
Pointing out somebody's mistake / 指出对方的错误

🔊 198（後輩／先輩）　🔊 199（後輩）　🔊 200（先輩）

後輩	あのー、すみません。Bさん。
先輩	何ですか。
後輩	あの、このお知らせの開始時間、午後2時だと思うんですけど……。
先輩	えっ、違ってる？
後輩	14時ってあるから、午後4時じゃなくて、午後2時じゃないですか。
先輩	ごめん。すぐ訂正して送るよ。
後輩	よろしくお願いします。

以下のような場面で話してみよう。
1. Aが、報告書の数字の単位が違っていることを同僚Bに指摘する。
2. Aが、書類の漢字が間違っていることを同僚Bに指摘する。

A	あのー、すみません。Bさん。
B	何ですか。
A	あの、この（何についてのミスか切り出す）、 Identify the nature of the mistake / 开始谈关于什么的错误 （ミスを指摘する）と思うんですけど……。 Point out the mistake / 指出错误
B	えっ、違ってる？
A	（理由を言う）から、 Explain the reason(s) / 谈理由 （ミスを具体的に指摘する）じゃなくて、 Point out exactly what is wrong / 具体地指出错误 （ミスを正す）じゃないですか。 Correct the mistake / 纠正错误
B	ごめん。すぐ訂正して送るよ。
A	よろしくお願いします。

2. 相手に軽く勧める

Gently recommending something to somebody / 给对方以小的劝告

🔊 201（同僚A／同僚B）　🔊 202（同僚A）　🔊 203（同僚B）

同僚A	あー疲れた。これから帰ってご飯作るのめんどくさいなあ。
同僚B	コンビニかどっかで買って帰っちゃえば？
同僚A	あ！　そうだ！　今日からコンビニ・ワンで限定スイーツ始まったんだ！
同僚B	スイーツ……。晩ご飯でしょ。
同僚A	売り切れちゃうといけないから、お先に！

以下のような場面で話してみよう。
1. 友人AにBが、髪を切ることを勧める。
2. 休日の過ごし方について、同僚AにBが提案する。

A	（ 愚痴を言う ） 。　　　　　　　（ 補足する ） なあ。
	Complain about something / 发牢骚　　Add information / 补充
B	（ 勧める ） ちゃえば？
	Encourage, recommend / 劝说
A	あ！　そうだ！　（ 思い出す ） んだ！
	Remember (something) / 想起来
B	（ 感想を言う ） 。
	Give your impressions / 谈感想
A	（ 答える ） ！
	Give a response / 回答

語彙リスト

本文会話

1. どく：Move / 让开

2. シネコン：Multiplex cinema / 复合电影馆

3. 限定（の）グッズ：Limited-edition merchandise / 限定商品

表現

1. フロリダ：Florida / 佛罗里达

2. みかん：Mandarin orange / 桔子

3. ずれる：Be off, not be in the right place / 错位

4. 大好物：Favorite food / 最爱吃的东西

5. 腹（が）減る：Be hungry / 饿了

6. 役員会：Board meeting / 董事会

7. カッカする：Get mad / 发火

談話練習

1. 訂正する：Correct / 订正

シーン2

カフェで批評会

Reviewing a film at a café / 在咖啡店开批评会

タスク

チョウとマニーの会話を聞いて、次のことを話し合ってみよう。 🔊204

（解答例は別冊P6）

1. チョウとマニーは映画について、それぞれどんな感想を述べているか。

2. チョウはどんな気持ちでマニーを誘っているか。それはどんな表現からわかるか。

チョウ	映画、面白かったね。やっぱ、SF映画は大きいスクリーンで観るに限るね(1)。限定グッズも二人分買えたし。今日、観に行けてよかったよ。
マニー	そうだね。原作の漫画読んでたから、ストーリーはわかってたけど。音楽や音が入ると、また違うね。
チョウ	だよねー。そういえば、マニーちゃん、主人公の声、どう思った？
マニー	どうって？
チョウ	主人公ってさ、落ち着いた大人って感じじゃん？　映画の声、甲高くなかった？　僕がイメージしてたのとちょっと違ったなあ……。
マニー	そう？　私はあんまり違和感なかったけど。それより、最後の15分ぐらい、展開が早過ぎなかった？
チョウ	ああ、確かに。原作はあのシーンだけで100ページぐらいあるのにね。
マニー	うん。ちょっとあっさりし過ぎ。
チョウ	だよねー。原作通りだったら、もっと感動して泣けたのにな。
マニー	ホント！　そうだよねー。
チョウ	パート2やるかなあ。やるんだったら、もうちょっと原作に忠実に作ってほしいな。
マニー	私もそう思う！

（カフェを出て）

チョウ	……あ、あのさ、マニーちゃん。今日、このあと空いてたりしない？(2)
マニー	え？　なんで？
チョウ	もし、もしよかったらなんだけど(3)、これからうちのシェアハウスに来ない？
マニー	チョウ君のシェアハウスに？
チョウ	うん。シェアハウスのみんなが、マニーちゃんに会ってみたいって言うんだ。
マニー	うーん……。今日はやめとくわ(4)。帰って、早くグッズ見たいし。
チョウ	そっか……。そうだよね。
マニー	うん。今日は楽しかった！　じゃあ、またねー！
チョウ	あー、そんな走ると危ないよー！

5

10

15

20

25

コミュニケーション上のポイント

友達に否定的な意見を言う前に、探りを入れて調整しよう！

チョウがマニーに、映画の主人公の声が自分のイメージと違っていた（ので残念だった）と言う前に「主人公の声、どう思った？」（5行目）と聞いています。ここでは、マニーにまず意見を聞き、その答えによって自分の意見の言い方を調整しようという意図が見て取れます。もし、マニーがチョウと同じように主人公の声に賛成できないという意見だったら、チョウはもっと積極的に批判していたでしょう。マニーの返答が「どうって？」（6行目）というどちらともつかないものだったので、チョウは「僕がイメージしてたのとちょっと違ったなあ……。」（8行目）と控えめな批判に抑えています。意見を戦わせることを避ける話術と言えるでしょう。

Moderating a negative opinion after casually sounding out the other person

Chow asks Manny, "主人公の声、どう思った？ (What did you think of the lead's voice?)" (Line No.5) before giving his own (disappointed) opinion, which is that the voice of the main character in the movie wasn't as he was expecting. From this, you can see that Chow means to ask Manny what she thinks first, then adjust the way he expresses his opinion in light of Manny's answer. Had Manny shared Chow's opinion that he did not like the voice of the main character, Chow would probably have been more vocal in his criticism. Because Manny's actual answer was "どうって？ (What do you mean?)" (Line No.6), which does not clearly indicate either agreement or disagreement, Chow holds back from giving a critical opinion, with the words, "僕がイメージしてたのとちょっと違ったなあ ... (It's not quite what I was expecting ...)" (Line No.8). This is an example of choice of language that avoids a conflict of opinion.

在对朋友说出否定意见之前，先试探一下对方的反应，再来调整一下自己怎么说好！

小赵在说"电影主人公的声音和自己想象的不一样（为此而感到遗憾）"之前，先问玛尼「主人公の声、どう思った？」(你觉得主人公的声音怎么样？)（第5行）。在此，我们可以看出，他的意图是想先听听玛尼的意见，然后再根据她的回答来调整自己该怎么说。如果玛尼和小赵的意见一样，不喜欢主人公的声音的话，小赵可能就会更积极地加以批评吧。而玛尼的回答是怎么想都行的「どうって？」("怎么样"是说～？)（第6行），所以小赵就使用了比较低调的批评「僕がイメージしてたのとちょっと違ったなあ……。」(我觉得和想象的有点儿不一样……)（第8行）。这可以说是避免发生意见冲突的谈话技巧。

（1）〜は…に限るね

「〜は…が一番いい」と相手に共感を求めたい時に使う表現。

Formula used to solicit the agreement of another person: "... is the best in / of ~"
"〜最好是……"，是希望征得对方同感时使用的表现。

🔊 205

❶ A: このウナギ、うまっ。養殖物とは全然違うね。
　 B: うん。臭みも全くない。やっぱうなぎは天然物に限るね。
❷ A: 台風、上陸しそうだね。電車、運休になるかもね。
　 B: こんな日は早く帰るに限るね。

（2）〜たりしない？

軽く誘ったり、お願いしたい時に使うカジュアルな表現。「断られても私は全然気にしないから」と、相手に負担をかけたくないという気持ちを含んでいる。

A casual ending used when you invite or make a request of somebody; the wording contains the implication that you do not wish to impose yourself: "Fine by me if you cannot go along with my request."
很随便地向对方提出邀请、拜托时使用的随意表现。含有 "即便被回绝，我也完全不介意" 这样不想给对方造成负担的心情。

🔊 206

❶ A: Bさん、スマホの充電器、持ってたりしない？
　 B: あ、持ってるよ。はい。
　 A: ありがとう。ちょっと借りるね。
❷ A: Bさん、みんなで海行く話なんだけどさ、Bさんの車、出せたりしない？
　 B: いいよ。でも運転は交代ね。

（3）もしよかったらなんだけど

遠慮がちに誘ったりお願いしたりする時に、話を切り出す表現。相手の負担にならないようにという配慮を含んでいる。

Formula used to politely start a conversation when you want to invite or make a request of somebody, with the implication that you do not wish to impose yourself on the other person

客气地向对方提出邀请、拜托时，用于切入话题的表现。含有尽量不给对方造成负担的心情。

🔊 207

❶ A：Bさん、今晩暇？

B：特に何もないけど、どうして？

A：もしよかったらなんだけど、婚活パーティー、一緒に行ってみない？

B：えー?!

❷ A：Bさん、クラシック好きだったよね？

B：うん。

A：もしよかったらなんだけど、ベルリンフィルのコンサートのチケット、1枚余っちゃって。安く買ってくれない？

B：日にちはいつ？

（4）〜わ

自分のコメントや意志を表す文の最後につける。「〜よ」よりもやや冷たく、相手に軽く言い放つ印象を与える。

This ending is added to a sentence as a personal comment or expression of intention; it is slightly stronger than ～よ, and creates the impression of speaking bluntly.

放在表示自己的评论和意志的句子的句尾。比"〜よ"稍显冷淡，会给对方以轻微断定的印象。

🔊 208

❶ A：誰か手、空いてない？　ちょっと手伝ってもらいたいんだけど。

B：あー、今、そっち行くわ。

❷ （テレビでお笑い番組を見ながら）

A：この人、前はすごく面白かったけど、最近はイマイチだね。

B：うん、ホント。つまんないわ。

1. 感想を言い合う

Exchanging impressions of something / 互相谈感想

🔊 209（友人A／友人B）　🔊 210（友人A）　🔊 211（友人B）

友人A	面白かったね。
友人B	うん。やっぱ、サッカーは生で観るに限るね！
友人A	そうだね。テレビも細かいところまでよく見えていいけどさ。 一体感が違うよね。
友人B	だよねー。最後の5分なんて、ハラハラしっぱなし。
友人A	よく耐えたよねー。
友人B	ホント、そうだよねー。

以下のような場面で話してみよう。

1. コンサートのあとで、友人AとBが感想を言い合う。
2. 花火大会のあとで、友人AとBが感想を言い合う。

A	（感想を言う）ね。 Give your impressions / 谈感想
B	うん。やっぱ、（感想を言う）に限るね！ Give your impressions / 谈感想
A	そうだね。（感想を言う）けどさ。 Give your impressions / 谈感想 （感想を言う）よね。 Give your impressions / 谈感想
B	（同意する）。（感想を言う）。 Agree / 同意　　　Give your impressions / 谈感想
A	（感想を言う）。 Give your impressions / 谈感想
B	（同意する）。 Agree / 同意

2. デートに遠慮がちに誘う

Discreetly request a date / 比较客气地邀人约会

🔊 212（友人A／友人B） 🔊 213（友人A） 🔊 214（友人B）

友人A	今晩、時間あったりしない？
友人B	え？　なんで？
友人A	もしよかったらなんだけど、晩ご飯行かない？
友人B	え、二人で？
友人A	うん、六本木の炉端焼き。 前にBさん、行きたいって言ってたじゃん。
友人B	えー。じゃあ、行こっかな。
友人A	うん。おいしいよ。

以下のような場面で話してみよう。

1. AがBを美術館に遠慮がちに誘う。
2. AがBを遊園地に遠慮がちに誘う。

A	（ 都合を聞く ）　たりしない？ Ask if something is convenient (for B) / 打听是否方便
B	え？　なんで？
A	もしよかったらなんだけど、（ 誘う ）　ない？ Extend an invitation / 邀请
B	（ 内容を確認する ）　？ Confirm the details of the invitation / 确认内容
A	（ 答える ）　。 Give a response / 回答 （ 補足する ）　って言ってたじゃん。 Make further remarks / 补充
B	（ 答える ）　。 Give a response / 回答
A	（ 答える ）　。 Give a response / 回答

本文会話

1. 原作（げんさく）：Original version / 原著
2. 甲高い（かんだかい）：Shrill, high-pitched / 尖（声）
3. 違和感（いわかん）（が）ある：Feel that something is not quite right / 感到别扭
4. 展開（てんかい）：Development, unfolding / 展开
5. シーン：Scene / 场面
6. 忠実な（ちゅうじつな）：Faithful / 忠实

表現

1. 養殖物（ようしょくもの）：Aquaculture / 养殖物
2. 臭み（くさみ）：(Bad) smell / 土腥味
3. 充電器（じゅうでんき）：Charger / 充电器
4. 婚活パーティー（こんかつパーティー）：Matchmaking party / 婚介晚会
5. お笑い番組（おわらいばんぐみ）：Comedy show / 搞笑节目
6. つまんない ◀ つまらない

談話練習

1. 一体感（いったいかん）：Sense of being part of something / 一体感
2. ハラハラする：Feel nervous / 提心吊胆
3. 炉端焼き（ろばたやき）：*Robatayaki* (place where grill dishes are cooked in front of the customer)

   在客人面前，把鱼肉蔬菜用炉子边烤边给客人吃的料理

新しい道

New roads / 新的道路

シーン1

タクシーで金沢観光

Touring Kanazawa by taxi / 乗出租车游览金泽

タスク

アナとタクシー運転手の会話を聞いて、次のことを話し合ってみよう。 🔊215
（解答例は別冊P7）

1. 金沢についてアナはどんな印象を持ったか。

2. そのことを何と言って表しているか。

🔊 215

（金沢駅前のタクシー乗り場で）

アナ　　　市内を観光したいんですけど、料金は……。

運転手　　1時間、5,100円です。

アナ　　　東茶屋へ行って、兼六園見て、武家屋敷に行く。これで何時間かかりま

　　　　　すか。

運転手　　そうねえ、3時間ぐらいかな。

アナ　　　あ、忍者寺にも行きたいんですけど、3時間で何とかなりませんか。

運転手　　うーん、兼六園の時間を短くすれば、何とかなるけど……。

アナ　　　わかりました。それでお願いします。

運転手　　お客さんはどちらの国の方？

アナ　　　ブラジルです。今は東京在住ですけど。

運転手　　金沢は初めて？(1)

アナ　　　はい。金沢って、京都に似てるっていうから、どんなところだろうって、

　　　　　前から来てみたかったんです(2)。でも、駅前はとってもモダンなんで、

　　　　　びっくりしました。

運転手　　ああ、ガラスの建造物でしょ？　もてなしドームって言って、お客さん

　　　　　に傘を差してあげるおもてなしをイメージして作られたんですよ。金

　　　　　沢は雨が多いから。

アナ　　　そうなんですか。

運転手　　ここが武家屋敷。

アナ　　　わー、なんだか、タイムスリップした気分(3)！

運転手　　昔のまんまなんですよ、金沢は。幸いなことに、戦災で無傷だったんで。

アナ　　　ホントに京都みたいですねー。

運転手　　皆さん、そうおっしゃるんですけどね。京都は公家の文化で雅な感じ

　　　　　で。金沢は侍が作った文化だから、どちらかと言うと(4)質素で凛とし

　　　　　てるんですよね。

アナ　　　へえー、そうなんですかー。深いんですねー。

| 運転手 | ええ、趣のある大人の町なんですよ。 |

・・

（駅前の不動産屋で）

| アナ | あのー、古民家でいい物件って、あります？　見てみたいんですけど。 |
| 不動産屋 | どうぞこちらへ。 |

コミュニケーション上のポイント

地元の人とうまくコミュニケーションをとろう！

観光タクシーの運転手の説明にアナが一つ一つ「びっくりしました。」（15行目）「わー、なんだか〜気分！」（21行目）「ホントに〜ですね一。」（23行目）「へえー、そうなんですか一。」（27行目）と返しています。異文化に触れた感動や驚きをストレートに表すこうした言葉には、地元の人を喜ばせ、観光客にもっと詳しい情報を教えようという気持ちにさせる効果があります。他に「へえー、知らなかった」「わー、すごい」などの表現がありますが、これらを組み合わせて地元の人とのコミュニケーションを楽しみましょう。

Getting on well with the locals

Each time the taxi driver comments on something, Anna replies, "びっくりしました (Gosh!)" (Line No.15), "わー、なんだか〜気分！ What a ~ feeling)" (Line No.21), "ホントに〜ですね一 (It really is...)" (Line No.23) and "へえー、そうなんですか一 (Really, is that so?)" (Line No.27). These exclamations, which directly communicate excitement and surprise at exposure to different cultures, delight the local people, and encourage them to explain things in still greater detail to tourists. Other such exclamations include へえー、知らなかった (Wow, I did not know) and わー、すごい (Wow, great!) With these phrases, you can have fun interacting with local people.

和当地人积极沟通，友好交流！

对于观光出租车司机的说明，安娜一一回应着：「びっくりしました。」（让我吃了一惊。）（第15行）「わー、なんだか〜気分！」（哇，真有一种〜的感觉。）（第21行）「ホントに〜ですね一。」（真是〜啊！）（第23行）「へえー、そうなんですか一。」（欸，是这样啊。）（第27行）。把接触异文化时所得到的感动、惊讶等直接表达出来的这些语言，其效果是会让当地人感到高兴，提升他们想为游客提供更详细信息的意欲。此外，还有「へえー、知らなかった」（欸，我不知道呢）。「わー、すごい」（哇，真了不起啊！）等表现。让我们搭配使用这些表现，和当地人愉快地进行交流吧！

（1）[場所] は初めて？

[場所] に来たのは初めてかどうか軽く確認する時の表現。

Formula used to casually confirm whether somebody has come somewhere for the first time
很随意地确认一下，是不是第一次来这个地方时使用的表现。

🔊 216

❶ A： Bさん、この公園は初めて？

　　 B： うん。前から来てみたかったんだよね。ネットで見た通り、きれいなとこだね。

　　 A： うん。ここ、もう少し行くと、有名な花畑があるよ。

　　 B： ホント?!　楽しみ！

❷ A： Bさん、サービスエリアは初めて？

　　 B： ええ。気にはなってたんですけど、車持ってないから、来る機会なくて……。おいしそうな店がたくさんあるんですね。

　　 A： そうだね。隣の建物は、お土産たくさん売ってるよ。食事終わったら行ってみない？

　　 B： そうですね！

（2）[疑問詞]〜だろうって、…んです

自分が以前から感じていた疑問を相手に伝えたい時の表現。

This formula is used when asking about something that has long been bothering you.
想要把自己以前就已经感觉到的疑问告诉对方时使用的表现。

🔊 217

❶ A： Bさんが探してたファイルって、これのこと？

　　 B： あー、それです！　昨日から、どこにあるんだろうって、ずっと探してたんですよー。

❷ A： Bさん、ふぐ食べたこと、ある？

　　 B： いや、ないよ。どんな味なんだろうって、前から食べてみたかったんだけど……。毒、怖くない？

（3）なんだか、〜気分

「うまく言い表せないが、今の気持ちは例えば〜の状態のようだ」と言いたい時の表現。

Formula used to indicate that you have a certain state of mind about something, but you cannot quite put it into words; often, to clarify, a comparison is made
想要说 "虽然不能很好地表达出来，但说起我现在的心情就如同〜一样的状态" 时使用的表现。

🔊 218

❶ A：Bさんのお宅って、国の実家と雰囲気が似てるんですよ。

　B：へえ、そうなの？

　A：ええ、なんだか、実家に帰ってきた気分です！

　B：そう。じゃ、遠慮なくくつろいで。

❷ （遊園地で）

　A：あー、ここのジェットコースター、最高！　なんだか、空飛んでる気分だった！

　B：……私は地獄に落ちた気分だった……。

（4）どちらかと言うと〜／どっちかって言うと〜

「比べることは難しいが、あえて比べるなら〜のほうが適切だ」と言いたい時の表現。

Formula used when a comparison is difficult, but an opinion must nonetheless be given: precedes a phrase like "〜 would be better"
想要说明 "虽然难以比较，但如果硬要比的话，则〜比较恰当" 时使用的表现。

🔊 219

❶ A：Bさんは、引っ越すんだったら、どっちがいい？　収納スペースは広いけど北向きの部屋？　それとも収納スペースはあまりないけど南向きの部屋？

　B：うーん、どちらかと言うと、あとのほうかな。洗濯物、ベランダに干したいからね。日当たりって、大事だよ。

❷ （インテリアショップで）

　A：ねえ、こっちのカーペットとあっちのカーペット、どっちがいいと思う？

　B：そうだなあ……。どっちかって言うと、あっち。あっちのほうがリビングのカーテンに合うと思うよ。

1. 観光タクシーの運転手と交渉する

Negotiating with a tourist taxi driver / 与观光出租车司机交涉

🔊 220（客／運転手）　🔊 221（客）　🔊 222（運転手）

客	市内を観光したいんですけど、料金は……？
運転手	1時間、5,000円です。
客	清水寺と金閣寺と嵐山を見て、庭園を見ながらお昼を食べて、カフェで抹茶スイーツを食べる。これで何時間かかりますか。
運転手	そうねえ、6時間ぐらいかな。
客	5時間で回りたいんですけど、何とかなりませんか。
運転手	うーん、庭園じゃなくて、嵐山でお昼を食べれば、何とかなるけど……。
客	わかりました。それでお願いします。

以下のような場面で話してみよう。
1. 客Aが、沖縄で観光タクシーの運転手Bと交渉する。
2. 客Aが、日光で観光タクシーの運転手Bと交渉する。

A	（ 場所 ） を観光したいんですけど、料金は……？ Place / 地方
B	（ 料金 ） です。 Charged amount / 费用
A	（ やりたいこと1 ） て、 What you want to do 1 / 想做的事情1
	（ やりたいこと2 ） て、 What you want to do 2 / 想做的事情2
	（ やりたいこと3 ） 。これで何時間かかりますか。 What you want to do 3 / 想做的事情3
B	そうねえ、（ 時間 ） ぐらいかな。 Length of time / 所需时间
A	（ 要望を伝える ） んですけど、何とかなりませんか。 State what you want to do / 告知要求
B	うーん、（ 提案する ） ば、何とかなるけど……。 Make a suggestion / 提出建议
A	わかりました。それでお願いします。

2. 観光タクシーの運転手と話す

Talking with a tourist taxi driver / 与观光出租车司机交谈

🔊223（運転手／客）　🔊224（運転手）　🔊225（客）

運転手	お客さんはどちらの国の方？
客	シンガポールです。住まいは東京です。
運転手	京都は初めて？
客	はい。 桜の中のお寺ってどんな感じだろうって、 一度来てみたかったんです。
運転手	それなら、南禅寺がお勧めですよ。 湯豆腐も食べられるし。
客	ホントですか！　じゃあ、そこに行ってください。

以下のような場面で話してみよう。
1. 沖縄について運転手Aが客Bと話す。
2. 日光について運転手Aが客Bと話す。

A	お客さんはどちらの国の方？
B	（ 出身国 ） です。（ 補足する ） 。 Home country / 出身国　　Add information / 补充
A	（ 場所 ） は初めて？ Place / 地方
B	（ 答える ） 。 Give a response / 回答 （ 場所について抱いていた印象を話す ） だろうって、 Give your impressions of the destination before your visit / 谈对某一地方抱有的印象 （ 希望を話す ） てみたかったんです。 Talk about your expectations / 谈希望
A	それなら、（ お勧めの観光スポットを提案する ） よ。 Suggest tourist attractions to visit / 提出所推荐的观光地点的建议 （ 理由を言う ） し。 Explain the reason(s) / 谈理由
B	ホントですか！　じゃあ、そこに行ってください。

153

本文会話

1. 武家屋敷（ぶけやしき）：Samurai house / 武士家宅

2. モダンな：Modern / 时髦

3. おもてなし：Hospitality, being welcoming / 招待

4. タイムスリップする：Slip back in time / 超越时空

5. 戦災（せんさい）：War damage / 战祸

6. 無傷（むきず）：Unscathed / 没有损伤

7. 公家（くげ）：Court noble / 朝廷

8. 雅な（みやび）：Elegant / 风雅

9. 凛とする（りん）：Be dignified / 凛然

10. 趣（おもむき）：Taste, charm / 情趣

11. 古民家（こみんか）：Old traditional house / 古民宅

表現

1. サービスエリア：Service area / 服务区

2. くつろぐ：Relax, unwind / 轻松自在地休息

3. 地獄（じごく）：Hell / 地狱

新居について話す
しんきょ はな

Talking about a new home / 谈论新居

タスク

シェアハウスでの4人の会話を聞いて、次のことを話し合ってみよう。 🔊226
にん かい わ き つぎ はな あ
（解答例は別冊P7）
かいとうれい べっさつ

1. 由利が驚いたことは何か。その驚きを何と言って表しているか。
ゆり おどろ なに おどろ なん い あらわ

2. 由利とアナは何と言って再会を約束しているか。
ゆり なん い さいかい やくそく

🔊 226

由利	びっくりとしか言いようがありません(1)!! 金沢行っちゃうなんて。
アナ	まあね。自分でも予想外の展開でさ。
スティーブ	それにしたって、(2)家まで買っちゃうんだからな。
アナ	なんかピンと来たんだよね。あ、ここが私の場所だって。だから買わな
	きゃって(3)。
由利	やっぱ、人生、そういう思い切りが大切なんだよねー。ちょっとうらや
	ましいな。
チョウ	(スマホの写真を見て)この家、カッコいいですね。武家屋敷みたい。
アナ	ありがとう。古民家を改装したんだ。
スティーブ	お金かかったでしょ。
アナ	市のサポートがいろいろあって。うまく使えば、やれないこともない(4)
	よ。
由利	そうだねー。やる気さえあれば、できないことなんかないってことだ
	ね! ねえ、アナさんとこ、遊びに行ってもいい?
アナ	もちろん! 来て来て。いつでも歓迎する!
チョウ	アナさんの彼氏も一緒に金沢行くんですか。
アナ	うん。広さだけはあるから、そこにアトリエ作って、仕事するってこと
	になったんだ。
由利	えっ!! 何それ、初耳。アナさん、彼氏いないって言ってたじゃないで
	すかー!(5)
アナ	ハハ。そっちも急展開だったんだ。
由利	そうなんだ……寂しくなるな……。
アナ	紹介するから、みんなで遊びにおいでよ。新幹線乗っちゃえばすぐだ
	からさ。
由利	うん、ぜひぜひ!

コミュニケーション上のポイント

自分の気持ちを独り言のようにして相手に表す「〜な」

アナの決断に対し、スティーブや由利は羨望の気持ちを込めて「家まで買っちゃうんだからな。」（3行目）「ちょっとうらやましいな。」（6〜7行目）「寂しくなるな……。」（22行目）と言っています。この「〜な」は友達に対し、自分の気持ちをストレートに、独り言のようにつぶやきたい時に使われます。

〜な: An ending that allows you to express your feelings to others as if talking to yourself

In response to Anna's decision, Steve and Yuri enviously remark: "家まで買っちゃうんだからな (You're actually buying a house!)" (Line No.3), "ちょっとうらやましいな (I'm a bit jealous of you)" (Lines No.6, 7), "寂しくなるな ... (I'm going to miss you)" (Line No.22). This ~な is used with friends when you wish to communicate your own feelings directly, but as though talking to yourself.

像是自言自语似地向对方吐露自己心情的「〜な」

对于安娜的决断，史蒂夫和由利带着羡慕的心情说道「家まで買っちゃうんだからな。」（因为连房子都要买了啊。）（第3行）「ちょっとうらやましいな。」（真让人羡慕啊！）（第6〜7行）「寂しくなるな……。」（我们会寂寞的啊。）（第22行）。这个「〜な」用在像是在自言自语，但其实是在嘟囔着向朋友袒露自己的心情时。

表現

（1）〜としか言いようがない

「〜という表現以外に、他にぴったり合った表現が見つからない」と強調したい時の表現。

Formula used to emphasize that you can find no other way of expressing something other than "~."
想要强调 "除〜这一表现以外，找不到完全相符的表现" 时使用的表现。

🔊 227

❶ A： 新しい部署、慣れた？

B： いやー……なかなか……。林先輩がいろいろ教えてくれるんだけど、すっごく厳しくてさー。もう、鬼としか言いようがないよ……。

B： まあ、林先輩って、何にでも熱心だからね。

❷ A： Cさんてさ、しょっちゅうコーヒー買いに行ってるよね。

B： うん。怠けてるとしか言いようがないよね。

（2）〜にしたって、…　　　　　　　　　　　　→〜にしても、…

「〜の状況や条件で考えた場合でも、…のことは予想以上だ」と言いたい時の表現。

Formula used to indicate that something is more (adjective, etc.) than expected, even when taking account of particular circumstances / 想要说 "即使考虑到〜的状况和条件，……这件事也是超过了预想" 时使用的表现。

🔊 228

❶ A： Cさんさ、先月の飲み会の会費、まだ払ってないんだよね……。

B： えっ、そうなの?!

A： まあ、あの飲み会の前に、「今月はカードの支払いが多いから、会費のほうはちょっと待って」って言われてたんだけど。

B： えーっ、前もって言ったにしたって、1か月も待たせるなんてちょっとどうよ。

❷ A： このお皿、人間国宝の作品で、1億円だって。

B： 1億円?!　こんな小さな皿が？　それにしたって、1億円は高過ぎでしょー。

（3）〜なきゃって　　　　　　　　　　→〜しなければならないと思って

自分の意志を強く言い表したい時の表現。

Formula used to strongly state your intent / 想要强烈地表明自己的意志时使用的表现。

🔊 229

❶ A： Bさんは、帰国前に旅行とかするの？

B： うん。北海道でおいしいもの食べて、京都でお寺巡りして、別府で温泉入って……。

A: そんなに行くの?!

B: うん。日本にいるうちに、行きたいとこ全部行っとかなきゃって。

❷ A: 犬、飼い始めたんだって？

B: うん。週末にペットショップ行ったら、まっ白なトイプードルと目が合っちゃって、ずーっとこっちを見てるの！　もー、これは連れて帰らなきゃって。

(4)〜ば、…ないこともない

「できないと思えることでも、〜すればうまくいく可能性がある」と言いたい時の表現。前向きであきらめない気持ちを表す。

Formula used to express positivity and determination to not give up; even though it may appear that something is impossible, there is a chance of success

想要说 "即使认为不可能的事情，如果做〜的话，也是有可能做好的" 时使用的表现。表示积极向前，不言放弃的心情。

🔊 230

❶ A: スーツケース、もう荷物入らないね。

B: そんなことないよ。もっとぎゅうぎゅうに詰めれば、入らないこともないよ。

❷ A: 店長もひどいっすね。サンプルの袋詰め、今日中に5,000個って。終わりますかね。

B: まあ、みんなで協力すれば、終わらないこともないでしょ。さ、気合い入れてやるぞ！

(5)〜たじゃないですかー！

「確か〜しましたよね！」と確認や同意を強く求めたりする時の表現。文末を伸ばして言うことで、驚きや不満の気持ちを強調することもできる。

Formula used to strongly solicit confirmation or agreement: for example, "Didn't you agree to ~"; by lengthening the final vowel, you can emphasize feelings of surprise or dissatisfaction

"确实做〜了，是吧！"，这是强烈要求对方确认或同意时使用的表现。也可以拖长句尾，用以强调吃惊和不满的心情。

🔊 231

❶ A: ごめん!!　あしたの約束、仕事でダメになっちゃった！

B: えー！　「今度こそ」って、約束したじゃないですかー！

A: 緊急事態なんだよー。ホント、ごめん!!

❷ A: ねえ、俺昨日、飲み会のお金、払ったっけ？

B: えー、何言ってんっすか、先輩。「今日は俺がおごるぞー」って、全額払ってくれたじゃないですかー！

A: えっ、そうなの?!　全然覚えてない……。

1. 相手の意外な結果に驚く

Expressing surprise at an unexpected outcome for somebody / 惊讶于对方意外的结果

🔊 232（友人A／友人B）　🔊 233（友人A）　🔊 234（友人B）

友人A	すごいとしか言いようがないよ！ 日本語始めて、1年でN1に合格するなんて！
友人B	まあ、元々、漢字がわかるから。
友人A	それにしたって、1年で合格はすごいよ。
友人B	昇進がかかってたからね。 だから頑張らなきゃって。
友人A	人生、やる時はやらないとダメなんだね。
友人B	まあね。

以下のような場面で話してみよう。

1. Aが、契約を取るのが難しいX社から契約を取ってきた同僚Bに、驚いて話しかける。
2. Aが、友人Bが起業したと聞いて、驚いて話しかける。

A	（ 感想を言う ） としか言いようがないよ！ Give your impressions / 谈感想 （ 意外な結果 ） なんて！ Unexpected outcome / 意外的结果
B	（ 謙遜する ） から。 Give a modest reply / 谦虚
A	それにしたって、（ 驚く ） よ。 Show surprise / 吃惊
B	（ 理由を言う ） からね。 Explain the reason(s) / 谈理由 （ 補足する ） なきゃって。 Add information / 补充
A	（ 自分の考えを言う ） 。 State what you think / 谈自己的想法
B	（ 答える ） 。 Give a response / 回答

2. 友人と再会を約束する

Promising to meet a friend again / 与朋友相约重逢

🔊 235（友人A／友人B）　🔊 236（友人A）　🔊 237（友人B）

友人A	来週帰国しちゃうなんて。急過ぎる。
友人B	ごめん。新しい上司から、来週から働けって言われちゃって。人が足りないんだって。
友人A	そうなんだ。すごい残念。 ねえ、Bさんとこ、遊びに行ってもいい？
友人B	もちろん！　来て来て。いつでも歓迎する！ 部屋だけはあるから、みんなでおいでよ。
友人A	行く行く！　楽しみ！

以下のような場面で話してみよう。

1. Aが、転勤が決まった友人Bと、再会を約束する。

2. Aが、引っ越しが決まった、同じ趣味の友人Bと再会を約束する。

A	（ 別れに驚く ）　ちゃうなんて。　　（ 感想を言う ）　。 Show surprise at the parting / 对离别表示惊讶　　Give your impressions / 谈感想
B	（ 答える ）　。　　（ 事情を説明する ）　て。 Give a response / 回答　　Explain the situation / 说明事由 （ 補足する ）　。 Add information / 补充
A	そうなんだ。　（ 感想を言う ）　。 Give your impressions / 谈感想 ねえ、Bさんとこ、遊びに行ってもいい？
B	もちろん！　来て来て。いつでも歓迎する！ （ 誘う ）　。 Extend an invitation / 邀请
A	行く行く！　楽しみ！

本文会話

1. ピンと来る：It clicked with me, I have a feeling about this / 领悟
2. 思い切り：Decisiveness / 果断
3. 改装する：Renovate, refurbish, remodel / 改装
4. アトリエ：Studio, *atelier* / 画室、工作室
5. 初耳：Hearing something for the first time / 初次听说
6. 急展開：Rapid development / 迅速展开

表現

1. 鬼：Demon / 鬼
2. 怠ける：Be lazy / 懒惰
3. ちょっとどうよ ◀ ちょっとどうかと思うよ：I'm just wondering ...
   我觉得是不是有点儿～（过分）。
4. 人間国宝：Living national treasure / 国宝级人物
5. お寺巡り：Visiting temples / 巡游寺庙
6. ぎゅうぎゅう：Tightly / 满满
7. 袋詰め：Packing in a bag, bagging / 装袋
8. 気合い（を）入れる：Get into the spirit of ~ / 鼓足劲儿
9. 緊急事態：Emergency / 紧急状态

談話練習

1. （昇進が）かかる：(My promotion) depends on ~, rides on ~ / 关系到晋升

著者

瀬川 由美（せがわ ゆみ）

（一財）国際教育振興会　日米会話学院　日本語研修所講師

紙谷 幸子（かみや さちこ）

（一財）国際教育振興会　日米会話学院　日本語研修所講師

安藤 美由紀（あんどう みゆき）

（一財）国際教育振興会　日米会話学院　日本語研修所講師

翻訳

英語　Ian Channing
中国語　徐前

イラスト

二階堂ちはる

装丁・本文デザイン

Boogie Design

日常会話で親しくなれる！
日本語会話　中上級

2021 年 10 月 8 日　初版第 1 刷発行

著　　者　　瀬川由美　紙谷幸子　安藤美由紀
発行者　　藤嵜政子
発　　行　　株式会社スリーエーネットワーク
　　　　　　〒102-0083　東京都千代田区麹町 3 丁目 4 番
　　　　　　　　　　　　トラスティ麹町ビル 2 F
　　　　　　電話　営業　03（5275）2722
　　　　　　　　　　編集　03（5275）2725
　　　　　　https://www.3anet.co.jp/
印　　刷　　三美印刷株式会社

ISBN978-4-88319-888-7　C0081

日常会話で親しくなれる！

日本語会話中上級

瀬川由美　紙谷幸子　安藤美由紀　著

解答例

タスク

第1話

シーン1

1. A：チョウ　B：アナ　C：スティーブ　D：由利
2. 由利：時間にルーズ。素直。

   チョウ：優しい。

   スティーブ：時間に厳しい。

   アナ：リーダーシップがある。きちんとしている。

シーン2

1. スティーブ：反対した。嫌がる様子を見せた。

   由利：賛成した。

   チョウ：反対した。
2. スティーブ：「めんどくさいな。」「いろんな人との交流あってこそのシェアハウスなんじゃないのかな？」

   由利：「それにうるさいしね。」

   チョウ：「それってどうかな。」「それもそうだ。」

第2話

シーン1

1. スティーブ：見習い3年目の寿司職人。スポーツジムに通っている。

   チョウ：よく歩く。アニメが好きで、聖地巡礼するのが趣味。
2. スティーブと由利が同じスポーツジムで知り合ったこと。

シーン2

1. 由利：職場に近いからシェアハウスに引っ越してきた。現場監督。頑固な職人さんに気を遣ってストレスが溜まっている。

   アナ：日本で精神科の医者をしている。

2. 「確かに。」「(現場監督だ) もんね。」「(大変な) んじゃない？」「(気を遣う) ってわけ
　　だ。」「そうだよね。」「いつでも聞くよ。」

第 3 話

シーン1

1. 悩み：髪が伸びてうっとうしい。傷んでいる。最近なんだかまとまりにくい。
　　希望：思い切って切る。

2. 「もう、うっとうしくて……。」「思い切って切っちゃおうかなって。」
　　「傷んでるからか、最近なんだかまとまりにくくて……。」「いっそショートにしちゃ
　　うっていうのもありかな。」

シーン2

1. 店：竹細工の店。
　　購入したもの：箸置き5個、かごバッグの大きいのと小さいのを一つずつ、ざる2枚。

2. 「でも箸置きばっかっていうのも……。」「ママ、使うかな……。」「全部ほしいけど、
　　予算がなあ……。」

第 4 話

シーン1

1. 松坂：大事な時に遅刻はするべきではない。
　　チョウ：事情によっては遅刻も仕方がない。

2. 松坂：「今日だけは何があっても遅れるわけにはいかないんだから。」「これから交渉
　　するぞって時に、『遅れてすいませーん』じゃあ、スタートでつまづくのと一緒で
　　しょ。」
　　チョウ：「遅れたら先方に理由を言えば、わかってくれますって！」

1. 岡野部長の様子がいつもと違っていたこと。
2. 岡野部長が結婚したこと。その結婚相手が合唱サークルの人であること。岡野部長が合唱をやっていること。

第 5 話

シーン1

1. 背中が張っている。
2. スタッフ：脚と背中のトレーニングは間隔を空けたほうがいい。
   鈴木：筋肉にいい食べ物をちゃんと取ったほうがいい。

シーン2

1. 究極のリラックス状態。ヨガの瞑想のあとの頭の中と同じ状態。頭がリセットされる。頭が整理される。右脳が活性化する。うつ病や認知症予防にもいい。
2. 冷えたビールを飲む。

第 6 話

シーン1

1. チョウ：人に頼まれてプラモデルを作っている。
   由利：感心している。
2. 「へえー、すごい！　チョウさんって、こんなこともできるんだ！」「よくそんな細かいとこ、きれいに塗れるね。」

シーン2

1. ラグビーのナショナルチームがボランティアに来てくれること。
   「今日はね、ラグビーのナショナルチームが来てくれることになったんだって！　すごくない？」

2. リーダー。

「〜お願いします。」「〜てもらってもいいですか。」

第 7 話

シーン1

1. 教えてもらいたいこと：いい歯医者。

由利に対して：「ちょっと教えてくれない？」「歯医者さんで、どっかいいとこ知らない？」

スティーブに対して：「ちょっと教えて。」「スティーブが行ってた歯医者ってどこ？」

アナに対して：「ちょっと教えてもらいたいんだけど……。」「いい歯医者さん、知ってたら教えてもらえないかなと思って。」

2. 「詰めたの取れちゃったんだ。ぽっかり穴が空いちゃってさ、そこがしみちゃって。」
「浅草でイカ焼き食べてたら歯がゴリっていって。詰め物が取れちゃったんだ。」

シーン2

1. 昨日から歯がズキズキしていること。その部分が熱を持っていること。

「昨日からズキズキしちゃって……。」「熱持っちゃって。」

2. 状態：細菌が入っている。虫歯が進行して膿んでしまっている。

治療：中を全部きれいに取って掃除して、細菌を殺す薬を入れる。

第 8 話

シーン1

1. ツーリングの途中で夫婦から写真を撮ってほしいと頼まれたこと。
2. 蕎麦屋へ食事に行く。

1. 来月の12日に秩父のほうにツーリングに行かないかと誘っている。
2. 夫:「ところでさ、知り合ったばかりでなんだけど、来月の12日って空いてない？」
「もし彼女さんが仕事休めなかったら、連絡してよ。こっちは直前でもかまわないから。」
妻:「12って、連休ど真ん中じゃん。彼女さんと予定あるんじゃないの？」「うちらと約束するわけにはいかないでしょ。彼女さんのために空けといてあげなよ。」

第9話

シーン1

1. 「あのー、すみません。席、違ってると思うんですけど……。」
2. ここには、このシネコン限定グッズが売られていること。
「あ！　そうだ！　ここ、このシネコン限定のグッズ売ってたんだ！」

シーン2

1. チョウ:「映画、面白かったね。」「やっぱ、SF映画は大きいスクリーンで観るに限るね。」「映画の（主人公の）声、甲高くなかった？　僕がイメージしてたのとちょっと違ったなあ……。」「原作通りだったら、もっと感動して泣けたのにな。」「（パート2を）やるんだったら、もうちょっと原作に忠実に作ってほしいな。」
マニー:「ストーリーはわかってたけど。音楽や音が入ると、また違うね。」「（主人公の声について）私はあんまり違和感なかったけど。それより、最後の15分ぐらい、展開が早過ぎなかった？」「ちょっとあっさりし過ぎ。」
2. 自信がない。断られたらどうしようと思っている。
「あ、あのさ」「～たりしない？」「もし、もしよかったらなんだけど」

第 10 話

シーン1

1. 駅前がモダンでびっくりした。タイムスリップした気分。武家屋敷を実際に見て京都のようだと思った。

2. 「駅前はとってもモダンなんで、びっくりしました。」「わー、なんだか、タイムスリップした気分！」「ホントに京都みたいですねー。」

シーン2

1. 驚いたこと①　アナが突然金沢に家を買って引っ越すこと。

   「びっくりとしか言いようがありません!!」

   驚いたこと②　アナに彼氏がいること。

   「えっ!!　何それ、初耳。アナさん、彼氏いないって言ってたじゃないですかー！」

2. 由利：「ねえ、アナさんとこ、遊びに行ってもいい？」

   アナ：「もちろん！　来て来て。いつでも歓迎する！」

   アナ：「みんなで遊びにおいでよ。新幹線乗っちゃえばすぐだからさ。」

   由利：「うん、ぜひぜひ！」

第1話

シーン1

1. 初対面の相手に声をかける

1. Aが初めてオフ会に行って、主催者Bに声をかける。

A	「歴史散歩サークル」のオフ会ってここですか。
B	はい、そうです。こんにちは。
A	こんにちは。初めてなんですけど。ハンドルネーム、サンタク0502です。
B	サンタク0502さんですね。
A	あ、サンタクでいいです。
B	サンタクさんね。 私、ハンドルネーム、猫山です。よろしく。
A	よろしくお願いします。

2. Aがボランティアサークルに行って、受付の人Bに声をかける。

A	あの、病院でお芝居を見せるボランティアサークルってここですか。
B	はい、そうです。こんにちは。
A	こんにちは。初めてなんですけど。青山ナオミです。
B	青山さんですね。
A	あ、ナオミでいいです。
B	ナオミさんね。 石川ルイです。よろしく。
A	よろしくお願いします。

2. 謝る

1. Aが、飲み会の人数を間違えて予約したことを友人Bに謝る。

A　ごめん、飲み会の人数、間違えて6人で予約しちゃった。
B　えー、おととい、5人に減ったって、確認したよね。
A　うん、そのことすっかり忘れちゃって。
　　店からもう変更はできないって言われて。
B　「俺が予約しとくから大丈夫」って言うから任せたのに……。
A　そうなんだけど……。本当にごめん！
B　もー、しょうがないなあ。

2. Aが、週末に貸すと約束した車を貸せなくなったことを友人Bに謝る。

A　申し訳ないんだけど、今週末、車貸せなくなっちゃった。
B　えー、今日、もう木曜日だよ。
A　うん、子供の野球の試合で車を出すことになっちゃって。
　　野球チームの監督からどうしてもって言われて。
B　当てにしてたのに……。
A　そうなんだけど……。本当に申し訳ない！
B　もー、しょうがないなあ。

1. 提案に賛成する

1. Aが、懐かしい仲間と久しぶりにみんなで会おうと、Bに提案する。

A	久しぶりに、大学のサークルのメンバーに声かけてみようと思うんだけど……。
B	いいね！ それって、先輩も後輩もってことだよね？ 楽しみだね！
A	飲み会だけじゃなくて、その前にテニスするっていうのはどう？
B	うん。試合やって、優勝した人に賞品あげたりして。
A	それ、いいね！ 賞品があれば、みんな本気出して、きっと盛り上がるよ。
B	そうだね、昔みたいにね。

2. Aが、高級レストランの飲み放題、食べ放題の格安プランがあるので行こうと、Bに提案する。

A	レストランサイトで、高級寿司食べ放題の格安プラン見つけたんだけど……。
B	いいね！ 好きなネタ、好きなだけ食べられるってことだよね？ イクラとかウニとか思いっきり食べてみたかったんだー！
A	飲み放題も追加するのはどう？
B	うん。せっかくだから、飲み放題もこっちの高いのにしよう。
A	うん、そうしよう！ 高級なお寿司に高級な日本酒、いいね。
B	最高の組み合わせだね。

2. 提案に反対する

1. Aが社員旅行について、同僚Bに意見を求める。

A　　11月の週末に社員旅行することになったんだけど……。
B　　それって、泊りがけでやるってこと？
A　　そう。
　　　部内の親睦を深めようってことだよ。
B　　うーん……。それってどうかな。
　　　週末に泊りがけって、結構厳しい人多いんじゃないのかな？
A　　わかった。じゃあ、近場で日帰りならどう？
B　　それなら、みんな参加すると思うよ。

2. 家計を見直すために、子供の習い事について、妻Aが夫Bに意見を求める。

A　　家計が苦しくなってきたから、子供たちの習い事、見直そうと思う
　　　んだけど……。
B　　それって、習い事の数を減らすってこと？
A　　うん。
　　　最近出費がかさんで全然貯金できてないし、それにせっかく習わ
　　　せても、あんまり上手になんないから、月謝がもったいなくて。
B　　うーん……。それってどうかな。
　　　上手下手はともかく、楽しんでやってるのに辞めさせちゃうのは
　　　かわいそうなんじゃないかな？
A　　わかった。じゃあ、私たちの保険料と通信費を見直すっていうのは
　　　どう？
B　　うん、いいよ。じゃあ早速週末に見直してみよう。

第2話

だい　わ

シーン1

1. 知り合ったきっかけを聞く
し　あ　　　　　　　　　　き

1. Aが、友人B、友人Cに知り合ったきっかけを聞く。
ゆうじん　　ゆうじん　　　し　あ　　　　　　　　き

A	二人は、何で知り合ったの？
B	このあいだのマネジメントセミナー。 セミナーで一緒にロールプレイしたんだよね。
C	そうそう。そのセミナーのあとに、食事に行って。
A	セミナー終わってからも、付き合いが続いてるんだ。
B	うん、Aさんも何かイベントに参加したら、新しい出会い、あるかもよ。
A	そうだね。探してみるよ。

2. Aが、友人Bとその恋人Cに知り合ったきっかけを聞く。
ゆうじん　　　　こいびと　　し　あ　　　　　　　き

A	二人は、いつ知り合ったの？
B	去年、共通の友達が開いた食事会で。 となりの席に座ってたんだよね。
C	そうそう。最初、Bのほうから話しかけてきて。
A	そこで意気投合したんだ。
B	うん、Aさんも、食事会に誘われたら、行ってみるといいよ。
A	そうだね。考えとくよ。

2．生活習慣を尋ねる

1. Aが洗濯について友人Bに聞く。

> A　洗濯、いつもどうしてるの？
> B　3日おき。一人暮らしだから大した量じゃないし。
> A　ベランダに干してるの？
> B　いや、部屋干し。外に干すと、花粉とか付くしね。
> A　そうそう。私も、いくら天気がよくても浴室乾燥機使っちゃう。
> B　うちは日当たりのいい部屋につるしてるよ。

2. Aが掃除について友人Bに聞く。

> A　家の掃除、いつもどうしてるの？
> B　週末だけ。平日帰ってからだと、掃除機うるさくて近所迷惑だし。
> A　水回りの掃除はどうしてんの？
> B　めったにやんない。毎週末、そこまで気が回らないしね。
> A　仕事してるとそうだよね。うちもちょっとぐらいの汚れだったら気にしない。
> B　うちなんて、臭いが気になるまで掃除しないよ。

1. 親しい人と互いの恋愛話をする

1. 飲み会で会った人とその後どうなったかについて、AがBに聞く。

A	ねえ、この前の飲み会にいた山田さんとどうなの？　付き合ってんの？
B	そんなんじゃ、ないない。 そんなんだったら、あの時のメンバーに報告してるよ。
A	そっか。
B	Aこそ、あの飲み会のあと、一緒に帰った田中さんと連絡取ってんの？
A	まあね。そのうち話すから。
B	えー、もったいぶらないで教えてよ。

2. 同窓会で、クラスメイトだった人との関係について、AがBに聞く。

A	ねえ、森田さんとどうなの？　付き合ってんの？
B	そんなんじゃ、ないない。 そんなんだったら、今日の同窓会、一緒に来てるよ。
A	そっか。
B	Aこそ、去年話してくれた人とは続いてんの？
A	まあね。そのうち話すから。
B	えー、もったいぶらないで教えてよ。

2. 親しい人に愚痴を言う

1. Aが同僚Bに仕事の愚痴を言う。

A あー、もうやってらんない。
B どうした？
A うん、営業部の東山さん、伝票の入力ミスが多くてさ。
間違い指摘すると、逆ギレするんだ。
B ああ、あの人、上から目線だもんね。
A そうなんだよ。
B あまりひどいなら、営業の課長に話してみたら。
東山さん、上の言うことはちゃんと聞くから。

2. Aがバーのマスター Bに仕事やプライベートの愚痴を言う。

A あー、もうやってらんない。
B どうした？
A うん、異動先の支店が、超暇でさ。
みんなモチベーション低くて全然営業しないんだ。
B Aさん、忙しいほうが好きだもんね。
A そうなんだよ。
B まあ、もうちょっと様子見たら。
新入りがいきなり口出すと、反感買いやすいから。

第3話

だい わ

シーン1

1. 店で悩みを相談する

みせ なや そうだん

1. 美容院で、客Aが、頭皮の臭いが気になることをスタッフBに相談する。

びよういん きゃく とう ひ にお き そうだん

A　最近なんだか頭皮が臭う気がして……。
さいきん とう ひ にお き

B　暑くなってくると、そういう方、増えますね。
あつ かた ふ

A　高くても頭皮にいいシャンプー、買っちゃおうかなって……。
たか とう ひ か

B　頭皮に特化したシャンプー、うちでも扱ってますよ。
とう ひ とっか あつか

　　試しに使ってみませんか。
ため つか

A　そうですか。ぜひ、お願いします。
ねが

---

2. 靴屋で、客Aが、自分に合う靴が見つからないことについて、スタッフBに相談する。

くつ や きゃく じぶん あ くつ み そうだん

A　最近足に合う靴が見つからなくて……。
さいきんあし あ くつ み

B　そうですか……（足を見て）外反母趾ですね。
あし み がいはんぼ し

A　この際、オーダーメイドで靴作っちゃおうかなって……。
さい くつつく

B　外反母趾専用のインソールがありますよ。
がいはん ぼ し せんよう

　　オーダーメイドはそちらを試してからでもいいと思いますよ。
ため おも

A　そういうのがあるんですか。じゃあ、見せてもらえますか。
み

---

2. 店の提案を受けて、自分の希望を伝える

1. 頭皮の臭いの悩みについて、店のスタッフAの提案を受け、客Bが自分の希望を伝える。

A	臭いでお悩みなんでしたら、頭皮クレンジングコースを、週に1回受けにいらっしゃるのはどうですか。
B	週に1回かあ……。ちょっとめんどくさいかも……。
A	効果はだいたい3、4回受けたら出てきます。お得なコース3回分とシャンプー1本のセット購入なんてどうですか。
B	そこまで徹底的にしなくてもいいんだけど……。
A	じゃあ、今日一度体験コースをお試しになってから、検討されるのはいかがですか。
B	そうですね。じゃあ、そうします。

2. 自分に合う靴が見つからないことについて、店のスタッフAの提案を受け、客Bが自分の希望を伝える。

A	サイズの合う靴が見つからないんでしたら、オーダーメイドになさるのはどうですか。
B	オーダーメイドかあ……。注文してから届くまでが長そう……ちょっと不便かも……。
A	お客様のサイズをデータ化し、すべて機械でお作りしますから、あまりお待たせすることはありません。試しに一番シンプルなローヒールのパンプスなんてどうですか。
B	そこまで本格的じゃなくてもいいんだけど……。
A	じゃあ、既製品を選んでいただいて、それをお直しするのはいかがですか。
B	そうですね。じゃあ、そうします。

1. 旅先でお土産について質問する

1. 客Aが、店で売っている布でできたかばんについてスタッフBに質問する。

A	これって、なんていう布でできているんですか。
B	それは帆布。丈夫で水にも強いんですよ。
A	いろんなかばんがありますね。 男性用もあるんですか。
B	はい、トートバッグとかリュックとか。 このトートバッグなんか男性に人気ですよ。
A	へー、確かに、この色だったら男性でも使えますね。何か買いたいけど……もう少し安いのないかな。
B	財布とか小物入れもありますよ。お土産に喜ばれると思いますよ。
A	そっか、じゃ、たくさん買ってっちゃお！

2. 客Aが、店にあるいろいろな食べ物についてスタッフBに質問する。

A	これって、どんな味がするんですか。
B	それは柚子胡椒っていう調味料。柚子と唐辛子で作られているんですよ。
A	おいしそう。 結構辛いんですか。
B	少し、ピリッとしますよ。 この辺では昔からいろいろな料理に使われている伝統的な調味料なんですよ。
A	へー、ここに柚子胡椒味のお菓子もあるんだ。どれか一つ、買って帰ろうかな。
B	お菓子もいいけど、調味料もおすすめですよ。日本料理に限らず、パスタとか肉料理とかいろんな料理に使えますよ。
A	そっか、じゃ、お菓子も調味料も両方買っちゃお！

2. 市場で店の人と会話を楽しむ

1. 市場でお茶のお店をやっているおじさんAに、客Bが試飲を勧められる。

A これ、飲んでって。

B どうも。あ、おいしい。これ、何ですか。

A ほうじ茶。緑茶の茶葉を焙煎したの。

B 香ばしい香りですね。

A そう。どんな食事にも合うよ。
焼酎や牛乳を入れて飲んでもおいしいし。

B いいですね。でも友達全員のお土産にするにはちょっと高いなあ
……。
おじさん、安くしてくれない？

A わかった。じゃあ、5袋買ったら、プラス300グラムおまけするよ。

B ありがとう！　じゃあ、5袋ください。

2. 市場でお土産屋をやっているおじさんAに、客Bが試食を勧められる。

A これ、試してって。

B どうも。あ、おいしい。これ、何ですか。

A 鯖味噌。鯖を味噌で煮たの。

B 味が濃くて、ご飯が進みそうですね。

A そう。これ1缶でご飯2杯ぐらい食べられるよ。
ご飯だけじゃなくて、パスタの具にしてもおいしいし。

B いいですね。でもたくさん買ったら持って歩くの嫌だなあ……。
おじさん、送料、まけてくれない？

A わかった。じゃあ、5缶以上で無料にするよ。

B ありがとう！　じゃあ、10缶ください。

第4話

だい　わ

シーン1

1. 不安になっている相手を励ます

1. これから就職の面接を受ける友人AをBが励ます。

A	あー心臓がドキドキしてきた。
	うまくいかなかったらどうしよう？
B	うまくいくって！
	あんなに準備してたんだから。
A	うまくいくってさ……。
	ダメだったら、どうすんの？
B	そん時はそん時だよ。なるようにしかならないって。
A	そうだな。
B	そうだって！　だから頑張れ！

2. オーディションを受ける前の友人AをBが励ます。

A	あー手が震えてきた。
	うまくできなかったらどうしよう？
B	心配ないって！
	あんなに頑張ったんだから。
A	心配ないってさ……。
	想定外のことをやれって言われたら、どうすんの？
B	そん時はそん時だよ。なるようにしかならないって。
A	そうだな。
B	そうだって！　だから頑張れ！

2. 悩んでいる相手を励ます

1. Aが、結婚すべきか悩んでいる友人Bを励ます。

A	どうした？　元気ないね。
B	親のことを考えると、婚活したほうがいいのかなって思ってさ……。
A	結婚してなくても親孝行してるじゃない。 結婚なんてその気さえあればいつでもできるんだから。
B	そういうもんじゃないでしょ。
A	そういうもんだよ。結婚は親のためにするもんじゃないって。
B	ありがとう。

2. Aが、チームの人間関係がよくなくて悩んでいる同僚Bを励ます。

A	どうした？　元気ないね。
B	うちのチーム、あんまり仲がよくないっていうか、まとまりがなくてさ……。
A	みんな優秀だから問題ないじゃない。 結果は出してるんだから。
B	そういうもんじゃないでしょ。
A	そういうもんだよ。あんまり気にしないほうがいいって。
B	ありがとう。

1. 様子がいつもと違う人のことを話す

1. 先輩Aが、元気がない同僚のことについて、後輩Bに話す。

A	最近、山田さん、やる気ないと思わない？
B	なんか、この間、部長と何かあったらしいですよ。
A	えー！　何かって何？
B	そんなの知らないですよ。でもあんなに投げやりなんだから、部長に嫌なこと言われたんじゃないっすか。
A	えー、そうなのか。じゃあ、タイミング見て、飲みに誘ってみよう。
B	そうですね。

2. 先輩Aが、最近あか抜けてきれいになった同僚のことについて、後輩Bに話す。

A	最近、中山さん、雰囲気変わったと思わない？
B	なんか、おしゃれに目覚めたらしいですよ。
A	えー！　目覚めたってどういうこと？
B	そんなの知らないですよ。でもあんなにあか抜けてきれいになったんだから、好きな人でもできたとか、そういう理由なんじゃないっすか。
A	えー、そうなのか。じゃあ、今度の飲み会で、直接本人に聞いてみよう。
B	そうですね。

2. うわさ話をする

1. 担当していた仕事から外された同僚について、AとBがうわさ話をする。

> A　ねえねえ、聞いた？　鈴木さん、
> 　　X社の担当外されたんだって。
>
> B　えーっ！
> 　　だって、鈴木さんって、X社の社長のお気に入りだったんじゃな
> 　　かったっけ？
>
> A　うん、そうなんだけど、鈴木さん、冗談言って、社長の地雷踏ん
> 　　じゃったらしいよ。社長、かなり怒ってるみたい。
>
> B　えー、そうなの。全然知らなかった。ずいぶん詳しいじゃない。
>
> A　X社に勤めているいとこから聞いたんだ。
>
> B　へえー、情報通じゃん。

2. 同僚の結婚話について、AとBがうわさをする。

> A　ねえねえ、聞いた？　赤井さん、
> 　　総務部の原田さんと結婚するんだって。
>
> B　えーっ！
> 　　だって、赤井さん、人事部の木村さんと付き合ってるんじゃなかっ
> 　　たっけ？
>
> A　うん、去年の年末に別れたらしいよ。で、今年の初めから原田さん
> 　　と付き合い始めたみたい。
>
> B　えー、そうなの。全然知らなかった。ずいぶん詳しいじゃない。
>
> A　総務部の同期から聞いたんだ。
>
> B　へえー、情報通じゃん。

第5話

だい　わ

シーン1

1. やり方について尋ねる

かた　　　　たず

1. 客Aが、ヨガのインストラクター Bに、体を柔らかくする方法を聞く。

きゃく　　　　　　　　　　　　　　　　　　　　　　からだ　やわ　　　　　　　ほうほう　き

A	体を柔らかくするには、どうやったらいいですか。
B	短い時間でも毎日ストレッチしたほうがいいですよ。 決まった時間にやって習慣づけてください。
A	何時でもいいの？
B	ええ、朝でも夜でもいいです。
A	食べたあとすぐにやっていいの？
B	ああ、食後すぐは……お風呂のあとのほうがいいですね。 湯船に入ると体があったまるので効果的です。 体が十分あったまってからじゃないと、 筋肉もよく伸びないし、筋肉を傷めてしまうリスクもありますから。
A	わかりました。ありがとう。

2. 客Aが、水泳のインストラクター Bに、体力を付ける方法を聞く。

きゃく　　　　すいえい　　　　　　　　　　　　　　　　たいりょく　つ　　　ほうほう　き

A	水泳で体力を付けるには、どうやったらいいですか。
B	距離を徐々に長くしていったほうがいいですよ。 長く泳げるようになったら、泳ぎ方も変えてください。
A	泳ぎ方を変える？
B	ええ、平泳ぎで泳いでいた人はクロールに、クロールで泳いでいた 人はバタフライに、という風にです。
A	フォームは気にしなくていいの？
B	ああ、正しいフォームのほうがいいですね。 息継ぎが苦手だったらインストラクターの指導を受けてください。 正しいフォームを身に付けてからじゃないと、 無駄な動きが増えて、体に負担がかかってしまいますから。
A	わかりました。ありがとう。

2. ジムでスタッフと雑談する

1. スタッフAに筋トレを毎日やっているか聞かれて、客Bが答える。

> A　　　お疲れさまです。
> 　　　　平日の朝に来るなんて珍しいですね。
> B　　　うん、有休、取れたから。
> 　　　　朝の空いている時間にトレーニングしとこうと思って。
> A　　　そうですか。この間勧めた筋トレ、家で毎日やってますか。
> B　　　うんまあ、ぼちぼちかな？
> A　　　ちゃんと毎日続けてくださいよ。
> B　　　はーい、頑張りまーす。

2. 久しぶりのジムで、スタッフAに食事管理ができているか聞かれて、客Bが答える。

> A　　　お疲れさまです。
> 　　　　あれ？　ちょっと筋肉落ちましたね。
> B　　　うん、仕事忙しくて。
> 　　　　今日時間できたから、ちょっと体動かそうと思って。
> A　　　そうですか。食事管理、できてますか。
> B　　　うーん、あんまりできてないかな？
> A　　　食べ放題、飲み放題は控えてくださいよ。
> B　　　はーい、気を付けます。

シーン2

1. 健康について情報交換する

1. 後輩Aが花粉症について先輩Bに話す。

A	最近、花粉症ひどくって。 薬飲んでんのに。
B	薬合わないんじゃないの？ 長く飲んでると効かなくなるって。
A	ホントですか。
B	うん。自分も医者に同じようなこと言われて。 薬変えたらよくなったよ。
A	そうですか。じゃあ、医者に行って、薬変えてもらおうかな。
B	うん、そうしなよ。

2. 後輩Aが慢性的な疲れについて先輩Bに話す。

A	最近、疲れが取れなくって。 毎日7時間は寝てんのに。
B	眠りが浅いんじゃないの？ 睡眠時間より睡眠の質のほうが大事なんだって。
A	ホントですか。
B	うん。私、6時間ぐらいしか寝てないけど疲労感ないし。 寝具の専門店に行くと、結構いいアドバイスもらえるよ。
A	そうですか。じゃあ、近いうちに行って、相談してみようかな。
B	うん、行ってみなよ。

2. 気になっていることについて雑談する

1. 働き方改革で長時間労働を減らそうとする会社の取り組みについて、同僚AとBが雑談する。

A　働き方改革っていうけど、
　　残業、減らせるのかな？
B　無理なんじゃない？
　　今の人数じゃ、定時に帰れっこないよ。
A　そうだよね。リストラで、どんどん人減らしてるんだから。
B　そうそう。おかしいよな。
A　まあ、そんなもんだよ。
B　言うだけ無駄、無駄。

2. 社内でペーパーレス化を呼びかけていることについて、同僚AとBが雑談する。

A　ペーパーレス化っていうけど、
　　パソコンだけで業務できるようになるのかな？
B　そうなるには相当時間かかるんじゃない？
　　今すぐなんて、できっこないよ。
A　そうだよね。上はみんなITさっぱりなんだから。
B　そうそう。未だに「稟議書は紙で出せ」って言ってるよな。
A　まあ、そんなもんだよ。
B　言うだけ無駄、無駄。

第6話
<ruby>第<rt>だい</rt></ruby> 6 <ruby>話<rt>わ</rt></ruby>

シーン1

1. <ruby>相手<rt>あいて</rt></ruby>の<ruby>特技<rt>とくぎ</rt></ruby>をほめる

1. Aが、DIYが<ruby>得意<rt>とくい</rt></ruby>な<ruby>友人<rt>ゆうじん</rt></ruby>Bの<ruby>作品<rt>さくひん</rt></ruby>を<ruby>写真<rt>しゃしん</rt></ruby>で<ruby>見<rt>み</rt></ruby>て、ほめる。

A	へえー、<ruby>山田<rt>やまだ</rt></ruby>さんって、こんなこともできるんだ！この<ruby>本棚<rt>ほんだな</rt></ruby>、<ruby>売<rt>う</rt></ruby>り<ruby>物<rt>もの</rt></ruby>みたい。
B	<ruby>大<rt>たい</rt></ruby>したことないよ。
A	よくそんな<ruby>器用<rt>きよう</rt></ruby>なことができるね。
B	<ruby>好<rt>す</rt></ruby>きなだけだよ。<ruby>別<rt>べつ</rt></ruby>に、どうってことないよ。
A	いやいや、すごいよ。
B	そうかな？　ありがと。

2. Aが、<ruby>即興<rt>そっきょう</rt></ruby>でピアノを<ruby>弾<rt>ひ</rt></ruby>いた<ruby>友人<rt>ゆうじん</rt></ruby>Bをほめる。

A	へえー、<ruby>川上<rt>かわかみ</rt></ruby>さんって、こんなこともできるんだ！<ruby>即興<rt>そっきょう</rt></ruby>で<ruby>弾<rt>ひ</rt></ruby>けちゃうなんてすごい。
B	<ruby>大<rt>たい</rt></ruby>したことないよ。
A	よくそんなジャズピアニストみたいなことできるね。
B	<ruby>好<rt>す</rt></ruby>きなだけだよ。<ruby>別<rt>べつ</rt></ruby>に、どうってことないよ。
A	いやいや、すごいよ。
B	そうかな？　ありがと。

2. お金のことについて聞く

1. Aが、自宅で料理教室を開いている友人Bに、レッスン料について聞く。

A　佐藤さんってば！　自宅で料理教室開いてるなんてすごいじゃない！
B　いやいや、近所の友達にちょっと教えてるぐらいだよ。
A　そんなことないでしょ。なかなかできないことだよ。
　　レッスン料っていくらかもらえたりするの？
B　うん、まあ。
A　まあって、いくらぐらい？
B　そうだなあ、料理の材料費ぐらいかな？
A　またまたー。そんな少ないわけないでしょ。
B　いやいや……。

2. Aが、SNSで動画を配信している友人Bに、広告収入について聞く。

A　吉田さんってば！　動画の再生回数1,000万回なんてすごいじゃない！
B　いやいや、たまたまウケただけだよ。
A　そんなことないでしょ。私の周りでもすごい人気だよ。
　　広告収入って、結構もらえたりするの？
B　うん、まあ。
A　まあって、いくらぐらい？
B　そうだなあ、家賃3か月分ぐらいかな？
A　またまたー。そんな少ないわけないでしょ。
B　いやいや……。

1. 作業を頼む

1. Aが友人の夫Bにキャンプで必要なものをそろえるよう頼む。

> A　　　　　受付でバーベキューの道具を借りて、
> 　　　　　　売店で炭を買ってきてもらってもいいですか。
> B　　　　　はい、わかりました。道具は何人分あればいいですか。
> A　　　　　6人分でお願いします。
> B　　　　　炭の量はどうしますか。
> A　　　　　うーん、10キロから12キロかな。
> B　　　　　わかりました。

2. Aが部下Bにアンケートの集計とグラフの作成を頼む。

> A　　　　　アンケートの結果を年代別に集計して、
> 　　　　　　グラフを作成してもらってもいいですか。
> B　　　　　はい、わかりました。グラフは棒グラフですか、円グラフですか。
> A　　　　　棒グラフでお願いします。
> B　　　　　年齢について回答がないのはどうしますか。
> A　　　　　うーん、とりあえず「無回答」で分類しようかな。
> B　　　　　わかりました。

2. 驚いて感想を言い合う

1. Aが友人Bの畑で採れたばかりのとうもろこしの甘さに驚いて、二人で感想を言い合う。

> A うわっ、甘っ！
> とうもろこしでこの甘さなんて、すごくない？
> B ほら、言った通りじゃん！
> 採れたてのとうもろこしは格別だって。
> A ホントだね。
> こんなに甘いなんて、なんか果物食べてるって感じ。
> B 私も初めて食べた時、そう思った！
> A ていうか、他にもいろんな採れたて野菜、食べてみたくなっちゃっ
> たよ。
> B じゃ、また収穫手伝いに来てよ。

2. Aが老舗の高級旅館の設備の古さに驚き、友人Bと感想を言い合う。

> A えっ、Wi-Fiつながんない！
> 高級旅館でWi-Fi使えないなんて、ひどくない？
> B だからあんなに言ったじゃん！
> 老舗っていうのは古いもんだって。
> A これほどとは思わなかったんだよー。
> こんなに時代遅れだなんて、なんかがっかりって感じ。
> B そうでしょ！
> A ていうか、Wi-Fi使えるビジネスホテルに移りたくなってきた……。
> B まあまあそう言わずに、料理に期待しようよ。

第7話

だい　わ

シーン1

1. 友人にお勧めの店や先生を紹介してもらう

ゆうじん　　すす　　みせ　せんせい　　しょうかい

1. Aが友人Bにいい耳鼻科を尋ねる。

ゆうじん　　　　じ び か　たず

A	耳鼻科で、どっかいいとこ知らない？
B	耳鼻科？　どして？
A	最近、右の耳が聞こえにくいんだ。今行ってる病院、待ち時間が長くて。
B	そう。三栄通りの「田中耳鼻科」はいいよ。 先生親切だし、ネットで予約できるから待たされないし。
A	ホント?!　さすがBさん！
B	今、病院の予約サイト、送るよ。
A	ありがとう！

2. Aが友人Bにお勧めのフォトスタジオを尋ねる。

ゆうじん　　　すす　　　　　　　　　　　　　　　　たず

A	フォトスタジオで、どっかいいとこ知らない？
B	フォトスタジオ？　どして？
A	もうすぐ子供が1歳になるんだ。記念に写真撮ろうと思って。
B	そう。「神田写真館」はいいよ。 技術はもちろん、子供の扱いにも慣れてるし。
A	ホント?!　さすがBさん！
B	今、店の名前と電話番号、書くよ。
A	ありがとう！

2. 年上の友人にお勧めの店や先生を紹介してもらう

1. スーツケースが壊れたので、Aが年上の友人Bにいい修理店を尋ねる。

A　Bさん、ちょっと教えてもらいたいんだけど。

B　なあに？

A　いい修理の店、知ってたら教えてもらえないかなと思って。

B　どうしたの？

A　うん、スーツケースの車輪が外れたんだ。来週の出張までに直したくて。

B　そっか。中丸デパートの中の修理店がいいんじゃない？
修理も早いし、サービスでクリーニングもしてくれるよ。

A　ホント！　そこまでしてくれるのはいいね。

2. Aが年上の友人Bに気軽に始められる習い事を尋ねる。

A　Bさん、ちょっと教えてもらいたいんだけど。

B　なあに？

A　いい習い事、知ってたら教えてもらえないかなと思って。

B　どうしたの？

A　うん、プロジェクト終わって、しばらく暇なんだ。新しいことに挑戦しようと思って。

B　そっか。原宿のカルチャーセンターがいいんじゃない？
スポーツとか、日本の伝統文化とか、初心者向けの講座がいっぱいあるよ。

A　ホント！　それ、楽しそうだね。

1. 痛みの症状を医者に話す

1. 医者Aに患者Bが腰の痛みについて話す。

A　　どうしました？
B　　先週から腰が痛くて。
　　　多分、ジムで腹筋をやり過ぎたんだと思います。
A　　どんな痛みですか。
B　　動かすとズキズキして、じっとしている時はズーンというか重い
　　　感じで……。
A　　どの辺りですか。……ここ？
B　　痛っ!!　そこです……。

2. 医者Aに患者Bが手のしびれについて話す。

A　　どうしました？
B　　1か月ぐらい前から手が痛くて。
　　　多分、パソコンを使い過ぎたんだと思います。
A　　どんな痛みですか。
B　　ずっとジンジンしびれているんですけど、たまにビリビリって痛
　　　みが走ることがあります。
A　　どの辺りですか。……ここ？
B　　痛っ!!　そこです……。

2. 勧めてくれた友人に報告する

1. Aが、友人Bの勧めてくれたフォトスタジオへ行ったことを報告する。

A	Bさん、週末、例のフォトスタジオ、行ってきた。
B	どうだった？
A	いい写真が撮れたよ。あした、編集したデータが届くことになってる。
B	そう、よかった！ たくさん着せてもらえた？
A	うん、10着ぐらい着たよ。
B	それはすごいね！

2. Aが、友人Bの勧めてくれたスーツケースの修理店へ行ったことを報告する。

A	Bさん、教えてもらった修理店、行ってきた。
B	どうだった？
A	すぐ直してくれたよ。車輪も全部メンテナンスしてくれて、スムーズに動くようになった。
B	そう、よかった！ クリーニングもしてもらえた？
A	うん、買った時と同じぐらいきれいになってたよ。
B	そう、やっぱいいよね、あの店！

第8話

だい　わ

シーン1

1. 新しい仲間を誘う

あたら　なかま　さそ

1. 先輩Aが後輩Bを梨狩りに誘う。

せんぱい　こうはい　なしが　さそ

A	Bさん、うちら連休の最終日に梨狩りに行くんだけど、一緒にどう？
B	いいんですか。
A	もちろん！　Bさん日本の梨食べたことないって言ってたし、今が旬だからぜひ。
B	はい。行きます！
A	よかった！

2. 先輩Aが後輩Bをロックフェスに誘う。

せんぱい　こうはい　さそ

A	Bさん、うちらこれからロックフェスのチケット取るんだけど、一緒にどう？
B	いいんですか。
A	もちろん！　Bさんの国のバンドも出るみたいだし、大勢で行ったほうが楽しいからぜひ。
B	はい。行きます！
A	よかった！

2. 相手の話を聞いて新しい情報を伝える

1. 上司とのジェネレーションギャップについて、後輩Aの話を聞いて、先輩Bが情報を伝える。

A	上から「常識だから」って押し付けられるのってなんかイラっとするんですよね。
B	うん、「普通、〇〇でしょ」って言われてもピンとこないよね。 でも言われたとおりにやってみるといいこと多いよ。
A	そうなんですか。
B	うん。仕事、前よりうまくいってる気がする。
A	じゃあ、私もちょっと意識変えてみようかな。

2. 恋人のスマホを見てもいいかについて、後輩Aの話を聞いて、先輩Bが情報を伝える。

A	恋人のスマホ覗くのってやっちゃいけないですよね。
B	そうだね。 でもうち、お互いに「見たければどうぞ」って感じだよ。
A	そうなんですか。
B	うん。俺のGPS、向こうのスマホで見られるし。
A	えー、それって、信用されてるんですか。

シーン2

1. 連れてきてもらった感想を言う

1. 後輩Aが先輩Bに梨狩りに来た感想を言う。

A	みずみずしくておいしいですね。連れてきてもらってよかったです！
B	でしょう？ スーパーにも売ってるけど、 なんだかんだ言って毎年ここのが食べたくなるんだよね。
A	わかります！　これ食べるために車で3時間かけて来る価値はありますね。
B	うん、こう言っちゃなんだけど、連れてくる人、みんなに喜ばれるよ。
A	そうですか。ありがとうございます。

2. 後輩Aが先輩Bにロックフェスに来た感想を言う。

A	ステージって何か所もあるんですね。日本のいいバンド、たくさん見られてよかったです！
B	でしょう？ ライブならネットの動画でも見られるけど、 なんだかんだ言ってこの時期になると体がうずうずして、結局ここに来ちゃうんだよね。
A	ですよね！　一度この快感味わったら、ハマっちゃいますね。
B	うん、みんなってわけじゃないんだけど、フェス好きな人にこのフェス行ったって話すと、たいていうらやましがられるよ。
A	そうですか。ありがとうございます。

2. 仲間を遊びに誘う

1. AがBをリニューアルした水族館に誘う。

A　葛西の水族館、リニューアルしたんだけど、土曜日に一緒に行かない？
B　いいね、行こう！　吉田さんも誘ってみようよ。
　　水族館とか好きみたいだし。
A　吉田さん、奥さんが妊娠中だから、一人で遊びに出かけるわけには
　　いかないでしょ。
B　だよね……。奥さんに悪いよね。
　　じゃあ、鈴木さん、誘わない？
A　二人で行こうよ。人数増えると、待ち合わせ調整するの、面倒だし。
B　わかった。そうしよう。

2. AがBをバスツアーで行く陶器市に誘う。

A　バスツアーで陶器市行ってみない？
B　いいね、行きたい！　車、出すよ。
　　お皿とか買ったら、荷物重いし。
A　屋台で地ビール飲めるから、見たら飲まないわけにはいかないで
　　しょ。
B　だよね……。飲みたくなっちゃうよね。
　　じゃあ、その場は我慢して、缶ビール買って家飲みしない？
A　うーん、我慢できないと思うから、やっぱりバスツアーで行こう
　　よ。帰りにバスの中で寝られるし。
B　わかった。そうしよう。

第9話
だい わ

シーン1

1. 相手のミスを指摘する
あい て　　　　　　し てき

1. Aが、報告書の数字の単位が違っていることを同僚Bに指摘する。
ほうこくしょ　すう じ　たん い　ちが　　　　　　　　　　どうりょう　　　し てき

A	あのー、すみません。Bさん。
B	何ですか。 なん
A	あの、この報告書、 ほうこくしょ 数字の単位が違ってると思うんですけど……。 すう じ　たん い　ちが　　　　　おも
B	えっ、違ってる？ ちが
A	これ、アメリカからの報告だから、 ほうこく 円じゃなくて、 えん ドルじゃないですか。
B	ごめん。すぐ訂正して送るよ。 ていせい　　おく
A	よろしくお願いします。 ねが

2. Aが、書類の漢字が間違っていることを同僚Bに指摘する。
しょるい　かん じ　ま ちが　　　　　　　　　どうりょう　し てき

A	あのー、すみません。Bさん。
B	何ですか。 なん
A	あの、この「タイショウ」って単語、 たん ご 「ショウ」の字が違ってると思うんですけど……。 じ　ちが　　　　　おも
B	えっ、違ってる？ ちが
A	これ、「シンメトリー」の意味だから、 い み 動物の「象」じゃなくて、 どうぶつ　ぞう 「一人称」の「称」じゃないですか。 いちにんしょう　　しょう
B	ごめん。すぐ訂正して送るよ。 ていせい　　おく
A	よろしくお願いします。 ねが

２．相手に軽く勧める

1. 友人ＡにＢが、髪を切ることを勧める。

A	あー前髪がじゃま。うっとうしいなあ。
B	夏だし、思い切って切っちゃえば？
A	あ！　そうだ！　割引券が今週までだったんだ！
B	ちょうどいいじゃない。
A	思い出したよ。ありがとう！

2. 休日の過ごし方について、同僚ＡにＢが提案する。

A	あした、なんも予定ないなあ……。つまんないなあ……何しようかなあ。
B	出かけなくていいなら、昼から飲んじゃえば？
A	あ！　そうだ！　注文してた日本酒が、あした届くんだ！
B	じゃあ、やること決まったね。
A	うん！　帰りにつまみ買って帰ろう！

1. 感想を言い合う

1. コンサートのあとで、友人AとBが感想を言い合う。

> A　　　コンサート、すごかったね。
> B　　　うん。やっぱ、コンサートはライブに限るね！
> A　　　そうだね。最高に盛り上がったのはいいけどさ。
> 　　　　遠過ぎて全然見えなかったよね。
> B　　　だよねー。豆粒にしか見えなかったよ。
> A　　　もうちょっと前で見たかったよね。
> B　　　ホント。

2. 花火大会のあとで、友人AとBが感想を言い合う。

> A　　　すっごいきれいだったね。
> B　　　うん。やっぱ、花火は間近で見るに限るね！
> A　　　そうだね。真上から降ってくるみたいですごい迫力だったけどさ。
> 　　　　ずっと上、見てたから、首、疲れたよね。
> B　　　ホント。コンクリートの上にずっと座ってたから、おしりも痛く
> 　　　　なったし。
> A　　　有料の観覧席にしては、イマイチだったね。
> B　　　そうだね。

2. デートに遠慮がちに誘う

1. AがBを美術館に遠慮がちに誘う。

A	今週末、空いてたりしない？
B	え？　なんで？
A	もしよかったらなんだけど、上野の美術館行かない？
B	上野の美術館？
A	葛飾北斎の企画展やってんだ。 Bさん、北斎好きだって言ってたじゃん。
B	行きたい！　本物、まだ見たことないんだ。
A	じゃあ、チケット買っとくよ。

2. AがBを遊園地に遠慮がちに誘う。

A	Bさん、ジェットコースターとか好きだったりしない？
B	え？　なんで？
A	もしよかったらなんだけど、金曜の夜、遊園地行かない？
B	金曜の夜？
A	うん、スカッとするよ。 Bさん、ストレス溜まってるって言ってたじゃん。
B	夜かあ……寒そうだな……悪いけど、今回はちょっと。
A	そっか……わかった。

第 10 話

シーン1

1. 観光タクシーの運転手と交渉する

1. 客Aが、沖縄で観光タクシーの運転手Bと交渉する。

> A　島を観光したいんですけど、料金は……？
> B　1時間3,500円です。
> A　美ら海水族館行って、
> 　　近くでシュノーケリングして、
> 　　国際通りに戻ってくる。これで何時間かかりますか。
> B　そうねえ、8時間ぐらいかな。
> A　6時間ぐらいで回りたいんですけど、何とかなりませんか。
> B　うーん、シュノーケリングで沖まで行かなければ、何とかなるけど
> 　　……。
> A　わかりました。それでお願いします。

2. 客Aが、日光で観光タクシーの運転手Bと交渉する。

> A　市内を観光したいんですけど、料金は……？
> B　7人だとジャンボタクシーになるから、1時間9,000円です。
> A　東照宮でお参りして、
> 　　華厳の滝を散策して、
> 　　鬼怒川温泉に行く。これで何時間かかりますか。
> B　そうねえ、3時間ぐらいかな。
> A　あ、戦場ヶ原にも行きたいんですけど、何とかなりませんか。
> B　うーん、4時間にすれば、何とかなるけど……。
> A　わかりました。それでお願いします。

2. 観光タクシーの運転手と話す

1. 沖縄について運転手Aが客Bと話す。

> A　お客さんはどちらの国の方？
>
> B　オーストラリアです。シドニーから来ました。
>
> A　沖縄は初めて？
>
> B　はい。
> 　　オーストラリアにもきれいな海があるけど、沖縄はどうなんだろうって、一度、潜ってみたかったんです。
>
> A　それなら、美ら海の近くより恩納村のほうがきれいだよ。
> 　　魚の種類も多いし。
>
> B　ホントですか！　じゃあ、そこに行ってください。

2. 日光について運転手Aが客Bと話す。

> A　お客さんはどちらの国の方？
>
> B　フランスです。今は宇都宮の工場で働いています。
>
> A　日光は初めて？
>
> B　仕事でちょっと来たことはあるんですけど……。
> 　　パワースポットとして有名だって聞いて、どんなところだろうって、一度ゆっくり歩いてみたかったんです。
>
> A　それなら、中禅寺湖の湖畔にある神社とお寺もお勧めだよ。
> 　　華厳の滝からそんなに遠くないし。
>
> B　ホントですか！　じゃあ、そこに行ってください。

1. 相手の意外な結果に驚く

1. Aが、契約を取るのが難しいX社から契約を取ってきた同僚Bに、驚いて話しかける。

> A　信じらんないとしか言いようがないよ！
> 　　あのX社と契約してくるなんて！
> B　まあ、たまたまタイミングがよかったから。
> A　それにしたって、X社がうちと契約してくれるなんて、去年までは
> 　　考えられなかったよ。
> B　X社がY社と契約更新しないかもって聞いてたからね。
> 　　今年こそ、絶対取らなきゃって。
> A　部長、すっごい喜んでたでしょ。
> B　まあね。

2. Aが、友人Bが起業したと聞いて、驚いて話しかける。

> A　立派としか言いようがないよ！
> 　　会社立ち上げるなんて！
> B　とはいっても、従業員3人だけの小さな会社だから。
> A　それにしたって、なかなかできることじゃないよ。
> B　ずっと夢だったからね。
> 　　30までに独立しなきゃって。
> A　成功するといいね。
> B　うん、ありがとう。

2．友人と再会を約束する

1．Aが、転勤が決まった友人Bと、再会を約束する。

A	一番の飲み友達がいなくなっちゃうなんて。つまんなくなるなあ。
B	私も残念だよ。関西で新しいプロジェクトが始まることになって。その責任者になったんだ。
A	そうなんだ。忙しくなるね。 ねえ、Bさんとこ、遊びに行ってもいい？
B	もちろん！　来て来て。いつでも歓迎する！ いい居酒屋、開拓しとくから行こうよ。
A	行く行く！　楽しみ！

2．Aが、引っ越しが決まった、同じ趣味の友人Bと再会を約束する。

A	4月の発表会の前に引っ越しちゃうなんて。練習、一緒に頑張ってきたのに……。
B	うん、それだけが心残りだよ。夫の任期が3月で終わって。次はベトナムに赴任することが決まったんだ。
A	そうなんだ。もっと一緒にやっていたかったな。 ねえ、Bさんとこ、遊びに行ってもいい？
B	もちろん！　来て来て。いつでも歓迎する！ 有名なとこ、いろいろ案内するから来てよ。
A	行く行く！　楽しみ！